Todos los libros de Linkgua Ediciones cuentan con modelos de Inteligencia Artificial entrenados por hispanistas. Pregúntale al chat de tu libro lo que desees acerca de la obra o su autor/a.

Para **ebooks:** Accede a nuestro modelo de IA a través de este enlace.

Para **libros impresos:** Escanea el código QR de la portada con tu dispositivo móvil.

Obtén análisis detallados de nuestros libros, resúmenes, respuestas a tus preguntas y accede a nuestras ediciones críticas generativas para una experiencia de lectura más enriquecedora.
La transparencia y el respeto hacia la autoría de las fuentes utilizadas son distintivos básicos de nuestro proyecto. Por ello, las respuestas ofrecen, mediante un sistema de citas, las fuentes con las que han sido elaboradas.

José María Vargas Vila

Rubén Darío

Barcelona 2024
Linkgua-ediciones.com

Créditos

Título original: Rubén Darío.

e-mail: info@linkgua.com

Diseño de la colección: Michel Mallard.

ISBN rústica ilustrada: 978-84-9007-792-4.
ISBN tapa dura: 978-84-1126-087-9.
ISBN ebook: 978-84-9007-658-3.

Sumario

Brevísima presentación

La vida

José María de la Concepción Apolinar Vargas Vila Bonilla (Bogotá, 23 de julio de 1860-Barcelona, 25 de mayo de 1933), fue conocido como José María Vargas Vila.

Vargas Vila tuvo ideas liberales radicales y criticó al clero, el conservadurismo y la política de Estados Unidos. En su juventud fue maestro, y participó en las guerras civiles colombianas. Tras la derrota liberal en 1899, se refugió en Los Llanos y luego se exilió en Venezuela, cuando el presidente de Colombia puso precio a su cabeza. En 1899, fundó y dirigió en Caracas, la revista *Eco Andino* y en 1898, *Los Refractarios*.

En 1891 viajó a Nueva York y trabajó en la redacción del periódico *El Progreso*. En esta ciudad, trabó amistad con José Martí. Luego fundó la *Revista Ilustrada Hispanoamérica*, en la que publicó varios cuentos. Hacia 1898 fue nombrado ministro plenipotenciario de Ecuador en Roma y se negó a arrodillarse ante el papa León XIII, afirmando: «no doblo la rodilla ante ningún mortal».

En 1902 fundó en Nueva York la revista *Némesis*, en la que se criticaba al gobierno colombiano de Rafael Reyes y otras dictaduras latinoamericanas, así como la usurpación del Canal de Panamá y la Enmienda Platt. Hacia 1904, el presidente nicaragüense José Santos Zelaya designó a Vargas Vila representante diplomático en España, junto con Rubén Darío. Hacia el final de su vida Vargas Vilas se asentó en Barcelona, ciudad en que murió.

La biografía

Algunas de las anécdotas que Darío contó sobre sus expediciones parisinas y romanas (ver *La autobiografía de Rubén Darío*) pueden ser vistas ahora bajo otra luz, a través de esta biografía de Rubén Darío escrita por José María Vargas Vila. Publicada en 1917, apenas un año después de la muerte de Darío, este volumen contiene un intenso relato acerca de la amistad que los unió y observaciones sobre los méritos poéticos de Darío. Sorprende además su estilo que parece imitar la versificación de la poesía y que, sin embargo, no pierde su tensión narrativa.

Rubén Darío

Ya cesó el gemido de las Muchedumbres, que como olas aullantes seguían el Féretro;
de aquel que llenó el Mundo, con la música suave de sus versos; ...
de los panegíricos;
y la apologética;
y los ditirambos;
cesaron los ecos;
las unas, se dispersaron por la Vida;
los otros, por los vientos...
se deshojaron las rosas pálidas;
sus pétalos dispersos, fueron los unos, hacia las montañas oscuras;
los otros, hacia las olas de los lagos quietos;
se apagaron los cirios votivos, cerca del sepulcro recién abierto;
se oyó el concierto de las hojas secas, cantando en sus vuelos, como si cantaran los extraños sueños de aquel que fue:
el Orfebre Divino del Verso;
los laureles, se hacen mustios, en los mudos senderos;
el Muerto, está solo;
se pudre en su Féretro;
ya llega el Olvido;
ya llega el Silencio;
ya se sientan juntos, sobre la tumba del Poeta Excelso.

***

Es necesario disputar la presa a esos grandes Espectros;
matar el Olvido;

violar el Silencio;
y, degollados ambos, sobre la tumba del Aeda;
y, soltar sobre ella, el enjambre luminoso de las abejas de Delfos.

***

Hablemos de ese Muerto;
evoquemos al Homérida Sublime, hermano de Virgilio y de Terencio;
al de la lira de oro, ornada de crisantemos;
que se alce la columna, sobre el zócalo;
y, encima el Estilita Inmóvil:
el Recuerdo.

***

Yo, no escribo la vida del Poeta;
solo escribo fragmentos;
este libro, es un Memento;
lo formo, arrancando las páginas de un libro mío, inédito;
mi libro de Memorias que ha de serme póstumo;
describo los momentos, en que los rudos vientos del Destino,
trajeron la barca del Poeta, cerca a la barca mía, y, su Vida, se mezcló a mi Vida;
fortuitos encuentros, de dos argonautas, que recorrían el mismo Periplé o...
Ulises es: el Hombre...
el Viajero perpetuo...
siempre fijos los ojos en la Ítaca lejana...
y, todos regresamos a ella.
Ítaca, es la Ciudad Doliente del Misterio.
Penélope, es: la Muerte;
y, nos espera de pie, sobre la linde de su Imperio.

***

Ya el Poeta entró en él;
me precedió en el triste derrotero;
murió en el Otoño de la Vida, cuando era aún húmedo del jugo de las vides, el oro del follaje;
yo, entro en el Invierno, donde la orografía de los paisajes se hace blanca, con un blanco de argento;
¡cómo mi Viaje es largo!...
me parece eterno...
mi Vida, es ya una *Via Appia*, ornada de sepulcros;
me precede una legión de muertos;
cada día, uno de ellos, desgarra los cendales del Misterio...
ayer fue ese cisne archidivino, que hizo blancas las olas del Leteo, al extender sobre él, las alas níveas...
sentado al borde de mi tumba, repaso mi libro de Recuerdos, a la luz de ese Sol oblicuo y pálido que ilumina el sendero de los muertos;
arranco estas páginas;
y, las doy a los vientos;
rosas de mis rosales solitarios;
caídas sobre el lago del Misterio;
donde con un collar de estrellas en el cuello;
boga el Divino Cisne...
seguido por la ronda de sus Versos.

Vargas Vila
París, 1917.

Capítulo I

Era en 1894

Fantástico y, luminoso, con el atractivo de una gema cabalística, el nombre de RUBÉN DARÍO, aparecía en América, con el prestigio de sus rimas raras y exquisitas; un Tirano Poeta, que había fatigado por igual, el Crimen y, el Poder, y, había violado con igual insolencia a las Musas y, las Leyes,[1] había nombrado a Darío, Cónsul de su Dictadura en Buenos Aires;

para expresar su gratitud, el Poeta, de rodillas, deshojó las más bellas flores de sus rosales líricos a los pies del Herodes Taciturno, que entre los arrecifes de la costa, cerca al divino mar azul, deshonraba tanta belleza, con el bochornoso espectáculo de su Despotismo y, de su bigamia;

yo, que desde mis periódicos, en New York, atacaba rudamente al Poeta-Tirano, ataqué con igual vehemencia, al Poeta-Cortesano, y, azoté con mi pluma, las espaldas encorvadas del Apolónida...

el Poeta, tembló, sin defender su manto de auriga de César, desgarrado por mi ultraje...

poco después, pasó por New York, para su sede consular;

se ocultaba de mí;

una mañana, me encontré en el Elevado de la sexta Avenida, con aquel encantador y amable espíritu que era Bolet-Peraza, que por aquel entonces se dedicaba, con igual ahínco, a hacer píldoras tocológicas y, *reputaciones* literarias, para el reclamo de las cuales, tenía un periódico, en el cual fabricó, no pocas reputaciones; algunas de las cuales, han sobrevivido a su inventor, como las píldoras.

1 Rafael Núñez, déspota colombiano. (N. del A.)

—Darío, está aquí —me dijo— en el Hotel América, ¿no va usted a verlo?
dije a Bolet, las razones de mi encono;
no las podía comprender aquel amable escéptico, que había sido Ministro de la Dictadura de Andueza, y debía serlo luego de la de Cipriano Castro;
al día siguiente, recibí en mi oficina, una tarjeta de José Martí, que decía:
«Comemos hoy, con *nuestro* Darío, y, contamos, con *nuestro* Vargas Vila.»
sentí mucha indignación, ante aquella promiscuidad de conceptos y, me excusé en una esquela displicente que Martí, encontró *excesiva*, según me lo dijo luego Gonzalo de Quesada, que como Secretario de Martí, fue de los de la comida;
pocos días después, Darío partía;
sin habernos estrechado la mano;
sin haber sido amigos.

Capítulo II

Era en 1896

Yo, viajaba por Europa;
y, fui a Grecia;
un percance marítimo, ocurrido en las costas de Sicilia, dio lugar a la noticia de mi muerte;
por primera vez, el macabro *canard*, atravesó el Océano, y, fue volando del uno al otro extremo del Continente Americano;
se habló de mi suicidio, en unión de una bella artista;
y, se fantaseó de lo lindo, en torno de ese tema;
amigos, y enemigos, hicieron derroche de odio y de bondad;
y, esa vez, como otras luego, me fue dado acariciar los laureles, y, las ortigas, nacidas sobre mi tumba;
entre todos los artículos necrológicos, escritos entonces, dos llamaron mi atención, por lo bellos y, lo sinceros: el de la Señora Cabello de Carbonera, publicado en un diario de Lima, y, el de Rubén Darío, aparecido en *La Nación* de Buenos Aires;
el Poeta, me rememoraba tristemente diciéndome:
¡Amable enemigo mío! como en la tumba de la «Aphrodita» de Pierre Louys, pondría en la tuya un conmemorativo y sonoro epigrama, en un griego de Nacianzo; y dejaría para ti y para tu bella desconocida, —¡así tendría a Venus propicia!— ¡rosas, rosas, muchas rosas!
un dolor anacreóntico, volaba sobre esas páginas, tan bellas, como el alma de aquel que supo siempre la palabra reveladora, de las más altas formas de la Belleza, y, la Armonía;
le escribí una carta pública —que según alguien me contó años después— hizo llorar al Poeta;

esa carta, fue el sello de nuestra amistad, que había de ser tan larga como sincera...
ella unió nuestras almas, y, nuestras manos, en una comunión espiritual, a través del océano, lleno del perpetuo:
buffi di vento, da rumori arcani.
y, fuimos amigos;
a distancia.

Capítulo III

Era en 1900

París estaba en plena Exposición;
yo, vine de Roma, donde residía entonces.
Darío, vino de la Argentina;
me lo hizo saber así, por una esquela;
fui a verlo, en unión de Ramón Palacio Viso, que ya sentía por él, una juvenil y entusiasta admiración;
el Poeta vivía, en la *rue du Faubourg Montmartre*, en el mismo apartamento con Gómez-Carrillo, a quien yo conocía ya, por habérmelo presentado Miguel Eduardo Pardo, en 1894, en el Quartier Latin.
Darío, apareció ante nosotros, ya fantasmal y enigmático;
era aún joven, bien plantado, la mirada genial, el aire triste;
todas las razas del mundo, parecían haber puesto su sello en aquella faz, que era como una playa que hubiese recibido, el beso de todas las olas del océano;
se diría que tenía el rostro de su Poesía, oriental y occidental, africano y, nipón, con una perpetua visión de playas helenas, en las pupilas soñadoras;
y, apareció como siempre, escoltado del Silencio; era su sombra;
el don de la palabra le había sido concedido con parsimonia, por el Destino;
el de la Elocuencia, le había sido negado;
la belleza de aquel espíritu, era toda interior y profunda, hecha de abismos y de serenidades, pero áfona, rebelde a revelarse, por algo que no fuera, el ritmo musical, y, el golpe de ala sonoro;

la vida toda estaba, en aquellos ojos taciturnos, de internos horizontes desmesurados, donde parecía flamear una cordillera de volcanes, con las llamas atemperadas por el humo de sus propias exhalaciones;
bajo la calma búdica y somnolienta, de aquel que parecía un bonzo de marfil, se veía como en un cráter momentáneamente extinto:

il foco eterno
ch'entro l'affoca...

y, nos separamos del Poeta, de *frontem duriorem*, que era ya un hermano de nuestro corazón
...
...
Me hospedaba yo, por aquel entonces, con César Zumeta y Palacio Viso, en casa de una bella y espiritual dama, espejo de todas las elegancias, y, de todas las exquisiteces mentales, la Señora Smith de Hamilton;
esta dama, como todas las mujeres inteligentes y, cultas, de nuestra raza, amaba los versos de Darío, y, deseaba conocer al Poeta;
lo deseaban sus amigas, un grupo de bellezas, espirituales, que musitaban estrofas de la «Sonatina», y, deshojaban como Margarita, la misteriosa flor del porvenir;
se convino en que lo invitaríamos a comer;
y, lo invité.
Darío, vino;
y, ¡cosa rara! vino a la hora fija;
llegó silencioso, sonambúlico, con esa seriedad medrosa, que le venía de su propia timidez;
gran emoción en las Señoras;

imperturbabilidad en el Poeta;
las señoras conversaban;
el Poeta sonreía;
esa sonrisa, era lo único que turbaba su serenidad de Ídolo malgacho;
nada más bello, que la sonrisa de Darío; era una flor de candor, arrancada de los jardines del Ensueño;
la conversación, languidecía cuando el criado anunció:
—La Señora, está servida...
gran alivio para nosotros;
Zumeta, Palacio, y yo, nos miramos;
estábamos salvados;
habíamos temido el naufragio del Poeta, en ese mar de su Silencio, en torno al cual, las bellas nereidas empezaban a hacerse burladoras;
fuimos al comedor...
continuó la sesión de silencio, por parte del Poeta;
nada lo sacaba de su actitud monosilábica...
con su volubilidad habitual, las señoras terminaron por prescindir de él, y la conversación se hizo animada al calor de los buenos vinos;
se habló de amor;
se contó una reciente historia muy conmovedora...
Darío, lloró...
al ver llorar al Poeta, nuestra bella anfitriona lloró también;
lloró, la dama sentimental;
lloró la niña romántica;
lloró la vieja Señora...
aquello fue una sesión de llanto a domicilio;
solo Zumeta, Palacio Viso, y, yo, no llorábamos;
hacíamos esfuerzos inauditos para no reír;
la romántica comida tuvo fin;

volvimos al salón;
las señoras, decaídas en su esperanza de oír bellos versos, dichos por los labios del Poeta, renunciaron a forzar la barrera de su silencio, y, se ocuparon de música y, de otras cosas;
y, el Poeta quedó en su aislamiento; él, que amaba tanto las mujeres, sus perfumes sugestivos, las sonrisas de sus labios, y, el contacto de sus manos;
la sociedad, no era su reino;
no había nacido en ella, ni para ella;
no quisimos prolongar su tormento, y, salimos con él, a la calle;
entonces habló y, fue ameno, pero nunca locuaz...
la boca de ese Poeta, era un panal cuyas abejas no volaban nunca, y, la propia colmena las tragaba...
nos separamos en la Place Wagram;
y, se alejó de nosotros; erecto, silencioso, espectral.

Capítulo IV

Era en 1900

En Roma.
Darío, llegó para las fiestas del Año Santo;
me visitó, en unión de un millonario sudamericano, cuyo nombre no recuerdo; analfabeto, ostentoso y gárrulo;
yo, era entonces Ministro del Ecuador, en Italia;
invité a Darío, a comer en el Restaurante Colonna;
fue una comida, de intimidad espiritual y, deliciosa;
los yacimientos vírgenes de aquella alma, se mostraron a mis ojos, en el raro esplendor de sus riquezas;
el Poeta de los poetas, mudo ante las multitudes, era en la intimidad, si no rico de expresiones, ni fastuoso de imágenes, sí lleno de un encanto secreto, que le venía de su sinceridad;
dos cosas le sorprendieron en mí: mi ateísmo y mi soledad;
y, hubo algo que lo arrojó de lleno en la estupefacción;
saber que a pesar de mi alto cargo, yo, no usaba uniforme, y había tenido incidentes desagradables, con algunos colegas míos, por este mi raro horror a la librea;
eso, no lo comprendía el Poeta, que amaba ya, los galones, los dorados, los espadines, los tricornios, las cruces, toda la parte ostentosa, vistosa y ornamental, de la vida palatina;
su asombro subió de punto, al saber, que yo no pertenecía a ningún círculo, no era amigo de ningún Príncipe, y habiendo vivido años en Roma, no conocía al Papa;
él, tenía ya su tarjeta, para ir al Vaticano, con la peregrinación argentina;
sentía una gran veneración por esa momia de cera y talco, que era León XIII, al cual atribuía la política seudo-democrática y el liberalismo florentino, del Cardenal Rampolla;

pocos días después, me leyó lo que había escrito sobre el Papa, y, que publicó luego, creo que en su libro *Peregrinaciones*;
viajaba por cuenta de *La Nación* de Buenos Aires.
Palacio Viso, lo acompañó en su gira por las grandes basílicas romanas;
en San Pedro, besó con unción el pie asqueroso del Santo, mellado por los labios de millones de peregrinos;
cuando sintió el grito delirante de las muchedumbres idólatras, al paso del Papa, él, también gritó;
«¡viva el Papa Rey!»;
y, con su admirable don de lágrimas, lloró al paso de la comitiva fanática y grandiosa, que llevaba en hombros al Pontífice, haciendo de aquel Ídolo Vetusto, el Símbolo tangible de su estupidez abyecta y, gregaria...
cuando todos se prosternaron, el Poeta se prosternó, y costó trabajo arrancarlo de sobre las lozas frías, dónde quedó postrado en una especie de hipnosis;
en *Santa María la Maggiore*, siguió una procesión cirio en mano, y, se licuó en lágrimas, oyendo la plática de un fraile franciscano, venido de Volterra, para predicar en Roma;
en *San Giovanni Laterano*, el Poeta iba absorto, contemplando los armoniosos ábsides, las volutas atrevidas, las cúpulas oro y azul, cuando sintió sobre su cabeza, algo como el rozamiento de una ala;
asombrado, alzó a mirar, y, vio que se retiraba lentamente aquello que lo había tocado; era la caña del Pescador, que desde las sombras de su confesionario, un Sacerdote, arrojaba al paso de los peregrinos, para llamarlos a la Penitencia.
Darío, quedó alelado, ante el gesto de aquel pescador de almas;
la caña volvió a tocarlo;

el Poeta juntó las manos, cayó de rodillas, y como un pájaro fascinado por la serpiente, anduvo así, hasta el confesionario;
entró en la sombra violeta, y la suave cortina lo ocultó;
cuando se alzó de allí, tenía tal aire de contrición, que daba pena mirarlo;
ya fuera de la Basílica, sobre el atrio bañado de Sol, la fascinación religiosa, empezó a evaporarse lentamente;
hacía un calor senegalés, sobre la plaza, hecha un estuario de fuego.
Darío, dijo su eterno voto de Cristo sitibundo:
—Tengo sed...
su acompañante lo invitó a aplacarla, en la más cercana hostería de la campiña romana;
tomaron el coche;
salieron por *Porta San Giovanni*, hacia *i Santi Spiritti*, y se detuvieron en el *Pozo de San Patrizzio*;
allí, el delicioso vino de Frascati, y los de *i castelli romani*, aplacaron la sed del Poeta, y calmaron lentamente los ardores de su contrición...
esa noche partió para Nápoles, sonriente y feliz, rota ya entre sus manos la caña del Pescador...
iba tal vez a llenar de nuevo la escarcela vacía de sus pecados, a poner nuevos besos sobre labios escarlatas, cerca al mar azul, coronado de cipreses.

***

Cinco días después;
recibí un telegrama de Darío; que decía:
«Llego esta noche, de paso para Florencia, desearía abrazarlo en la estación»;
yo, no hago a nadie el homenaje de ir a recibirlo;

pero, Darío; ... ya empezaba yo a sentir debilidad por aquel Genio inerme, desarmado ante la Vida, y, que pedía a grandes gritos, ser protegido y admirado;
es el Genio de Darío, lo que ha hecho mi admiración por él, pero es la debilidad de Darío, la que ha hecho mi cariño y mi amistad por él;
en Darío, el Poeta impone la admiración; el Hombre, pide la protección;
es un niño perdido en un camino; hallándose con él, es preciso darle la mano y acompañarlo un largo trayecto, protegiéndolo contra su propio miedo;
¿qué importa que al caer de la tarde, haya que dejarlo en el mismo sendero, dormido a la sombra de las vides que lo embriagaron? ... Noe joven, que pide, no a sus hijos, sino a sus hermanos, ser cubierto con un manto, mientras las abejas del Himeto, bajan a beber dísticos armoniosos, en el sumo de la vid, quedado entre sus labios.
...
a las nueve y media de la noche, estuve en la estación;
llegó el tren.
Darío, con su aire de poseído, y una maleta en la mano, apareció en la puerta del wagon;
miró desconcertado a todos lados;
me alcanzó a ver;
vino hacia mí, cariñoso y agradecido, y me abrazó;
dijo en el acto, sus palabras sacramentales.
—Tengo sed...
fuimos al buffet de la Estación.
—A las once pasa el otro tren, le dije.
—Tenemos tiempo —me respondió muy tranquilo;
dimos la maleta a un *facchino* para que la cuidara, con orden de avisarnos a la llegada del tren;

y, nos sentamos a una mesa;
pedimos cerveza...
hablamos de Nápoles, de Sorrento, de Capri; de ese divino país, y esos divinos paisajes, que parecían venir grabados en las pupilas del Poeta, y surgir u ocultarse, brillar o palidecer, según los grados y el poder de la evocación.
Darío, que tenía el poder de la imagen escrita, no tenía el poder de la imagen hablada; era un imaginativo interior, cuyas emociones mentales, muy profundas, se cristalizaban luminosas en su cerebro, como un inmenso monte de estalactitas, en cuyas galerías subterráneas, la Luna hace derroche de mirajes, bajo las alas del Silencio Omnipresente, que con un dedo sobre los labios, vela a la puerta de aquel Templo del Prodigio, habitado por un dios;
el Poeta, tenía el don y la voluptuosidad de escuchar, como todos los comprensivos;
se notaban las fruiciones deliciosas de su espíritu, al escuchar una bella imagen, un pensamiento audaz, una metáfora atrevida;
amaba con delirio las bellas frases, y, las aplaudía sin reserva:
—¡Admirable! ¡admirable! era su exclamación favorita...
el tren para Florencia llegó;
el *facchino*, vino a avisarnos;
y, Darío dijo:
—Un momento...
y, continuó en beber y en escuchar;
el tren pitó...
Darío no se movió...
—Vamos, dije, poniéndome de pie.
—Un momento —dijo Darío, y continuó sentado...
Se va el tren, le dije, y guardó silencio;
me senté desalentado;

entonces, Darío dijo:
—Tengo hambre;
rescatamos la maleta y pasamos al comedor.
Darío, pidió de comer;
yo, pedí café...
Darío, tenía la voluptuosidad de la mesa, como todas las voluptuosidades;
era en eso, un exquisito y, un refinado;
y, aunque esa noche no tuviera nada, sobre que ejercer su buen gusto, comió con apetito;
continuamos en conversar Arte y Literatura;
él, tenía el horror de la política;
dieron las doce...
el *pousse-cafe*...
dieron la una...
Darío bebía... envuelto ya en ese silencio que le era habitual en esos casos...
yo, callaba...
—Vamos a buscar un Hotel —le dije;
asintió;
fuimos a la *Via Cavour*, muy cerca de la Estación, a donde hay muchos hoteles;
en uno de ellos, pedí una habitación, feliz de dejar al Poeta instalado y, poder partir;
subimos;
ya en la habitación yo quise despedirme...
—Tengo sed —volvió a decirme...
y, se dispuso a salir de nuevo;
yo, que no tengo el hábito de trasnochar, empecé a arrepentirme de haber salido a su encuentro;

visto que el camarero, no podía proporcionarnos nada, porque el servicio de los hoteles, termina a las doce, salimos de nuevo a la calle;
tomamos un coche, y di la dirección del *Caffe Aragno*, el más serio y más chic de Roma, entonces que no se había abierto aún el *Faraglia*;
llegamos.
Darío pidió cognac;
yo, café...
le indiqué príncipes, duques, y escritores;
se sorprendió, de que yo, no fuera amigo de ninguno, sobre todo de los últimos;
le confesé, que yo no había visitado nunca la Redacción de un Diario, en Roma, como no las he visitado en París, en Madrid, en New York, en Barcelona, en ninguna de las ciudades en que he vivido;
eso, y que yo no fuera ni hubiera querido ser nunca, corresponsal de diarios de América, le parecía inexplicable a aquel gran Poeta, a quién la necesidad uncía a esa cadena, y daba entonces a *La Nación* de Buenos Aires, fragmentos de su alma, en esas correspondencias aladas, que escribía en sus paseos a lo largo de los grandes caminos italianos, describiendo cosas de Arte, y evocando edades pretéritas, con su dulce voz de Aeda, en la cual temblaba una emoción de siglos;
sonaron las dos;
el Café iba a cerrarse.
Roma no es una ciudad trasnochadora;
ya en la calle, quise detener un coche, para que el poeta, fuera a su Hotel.
Darío, de pie en la acera, miraba la noche, una maravillosa noche romana, con uno de esos cielos puros y, luminosos,

que hacen pensar, si será verdad, que el cielo no merece ese nombre, sino sobre los montes del Lascio, y, las cimas doradas de la Ática;
viendo acercarse el coche, Darío tuvo un verdadero gesto de horror...
—¿Para qué? —me dijo.
—Para ir al Hotel, son las dos, y es necesario dormir.
—¿Dormir? —dijo el Poeta, como si soñara— ¿dormir? ¿en Roma? ¿en esta divina noche? no... no...
y, permaneció obstinado sobre el *trottoir*...
hubo que despedir el coche;
libre ya de esa amenaza, Darío, dijo su frase sacramental:
—Tengo sed...
entramos al frente, a la *Cervecería Gambrinus*, que ya se disponía a cerrar;
yo, estaba impaciente y nervioso;
nunca me había sucedido estar fuera de casa a esta hora.
Darío, bebía cerveza, ensimismado, taciturno, mudo, en esa especie de sonambulismo lúcido, que en ocasiones se apoderaba de él;
la cervecería se hacía solitaria...
el silencio era profundo...
saliendo de su letargo, Darío hizo señas a un camarero;
le pidió papel y tinta...
no había; el dueño había partido, dejando cerrado el *bureau*;
le di una tarjeta;
el camarero le dio un lápiz...
escribió, hosco, cecijunto, haciendo de vez en cuando, gestos lentos, con la mano en que tenía el lápiz;
después, me entregó lo que había escrito;
era un bello verso, que me dedicaba fraternalmente y decía:

a Vargas Vila[2]
En Roma donde dice la Vida,
Lo que la Inmensa Sibila vierte
Junto a tus armas pongo mi Egida
Hermano Grande, Hermano Fuerte!
...
iban a cerrar
el autor de *Azul*, se puso en pie, como si con aquel lingote de su inmortal tesoro, arrojado así, en los mares de la Vida, hubiese aligerado su velero de Ensueños;
y, salimos a la calle, donde la luz flordelisante de la aurora desfloraba la sombra, y hacía senderos blancos sobre las lozas milenarias de la ciudad dormida...
no había ya coches, y, apagaban los fanales eléctricos...
hubimos de caminar así, en esa semioscuridad incierta, mientras el alma nueva del día, surgía sobre nosotros, con el esplendor de una diadema.

2 Este verso fue publicado, por primera y única vez, en la Revista *Cervantes* del poeta Villaespesa, en Madrid, en agosto de 1916. (N. del A.)

Capítulo V

Era en 1901

En París...
los esplendores de la Exposición decaían...
era el desvanecimiento de un miraje...
los fastuosos palacios orientales, los templos, las pagodas, las mezquitas, caían bajo el golpe de la pica destructora...
Darío y yo, ambulábamos por entre esas ruinas lamentables, donde hacía poco se levantaba el panorama del Mundo;
era la hora del aperitivo;
nos detuvimos para tomarlo, en uno de los poquísimos cafés, que habían quedado allí, como para recibir el último suspiro de todo aquel mundo fantástico, que se derrumbaba;
cerca a nosotros, el Pabellón Chino, en demolición, se mostraba como la osatura de un dinosaurio, vista en la noche;
en una cúpula lateral, porcelanas y, malaquitas, hacían manchas verdosas y, pálidas, como tornasoles de un pantano;
sobre una columna desnuda de ornamentos, un dragón enorme mostraba sus garras de bronce, como enfurecido con el cielo; sus alas se proyectaba, sobre las blancuras de un elefante de mármol, que aún quedaba en pie, con su trompa erecta, levantada hacia el firmamento, como ofreciéndola para servir de cornucopia, a las estrellas que nacían en los jardines celestes...
atrás de nosotros, la Soledad y el Silencio... los salones vacíos, las sillas aglomeradas, las mesas sin clientes.
—Es el fin de Bizancio —me dijo Darío, mirando con ojos asustados aquella desolación;
y, luego, ya con ese aire dementizado, que solía tomar cuando la inspiración lo poseía, empezó a escribir, mirando alterna-

tivamente, las ruinas del Palacio, los animales monstruosos, que la sombra creciente hacía tentaculares, y, el cielo sereno, como un espejo azul, adornado con anémonas de oro...
su mano tan bella, que él creía de marqués, en sus esnobismos de plebeyo, y que era más bien la de un obispo cortesano, escritor de panegíricos en la corte del Rey Sol, se deslizaba sobre el papel, con sobresaltos de gacela, ora rápida y nerviosa, ora lenta y con gestos musicales, como si escribiese sobre un pentagrama las notas de una Sinfonía ideal y, se alzaba a veces, quedando en suspenso, como una paloma sobre el Tabernáculo, inmóvil, en un éxtasis de creación;
viéndolo así, pensé en Beethoven, con el cual tenía tan extraña semejanza física, y de cuyo genio melódico, era hermano...
acabó de escribir, y, me leyó lo que había escrito, con esa voz insonora, sin entonaciones altas, que parecía obedecer a un ritmo interior, a una disciplina envolvente, que aprisionaba los ritmos como en una malla;
era una especie de Oda a la «Muerte de Bizancio», majestuosa y sonora, de estructura titanesca, que recordaba las esculturas de Miguel Ángel, y los cuadros de Besnard; los hemistiquios fragmentarios, el verso soberbio y fiero, dramatizante de un Poema de esplendor y de tinieblas;
leía... y las estrofas parecían volar, como mariposas de llama y de cenizas, bajo el arco bermejo del cielo, donde se abría una floración triunfal de rosas estelares;
calló después, con ese silencio triste, que seguía siempre a sus largos recitados;
guardó sus versos; y, regresamos al centro de París...
¿qué se ha hecho ese Poema?
no lo he visto en ninguna de las colecciones de versos de Darío;

aunque lo hubiese publicado bajo otro título, yo, lo habría conocido, porque su ritmo y sus imágenes me obsesionan todavía;

cuando le pregunté por él, me dijo que lo había enviado a un periódico;

¿a cuál?

¿qué viento llevó lejos, aquella pluma caída de las alas del Cisne Ecuatorial?...

...

...

Pocos días después, Darío, me invitó a comer;

vivía por entonces, muy retirado, allá hacia las alturas de la *butte*, en Montmartre;

eran tiempos duros para el Poeta; no habían caído aún sobre él, gajes consulares ni diplomáticos;

vivía de sus correspondencias a *La Nación*;

vivía con decoro, con dignidad, con seriedad.

Darío, no fue nunca, —o al menos mientras yo lo conocí— el bohemio profesional, que muchos se gozan en pintar;

era serio, era meditativo, era honesto;

amaba su gloria con pasión, y gozaba de rodearla de cierto decoro;

era atento, ceremonioso, hospitalario;

tuvo siempre su casa abierta, y, su mesa servida para sus amigos;

si hubiera sido adinerado, habría sido el más espléndido de los anfitriones;

amaba los ricos manjares, y gozaba en preparar algunos con sus propias manos, alardeando de sus conocimientos en el Arte de Brillat Savarin;

para probar uno de esos platos a la americana, preparado por él, me invitó a comer en su casa;

fue como siempre, espléndido, fraternal, de una ingenuidad infantil, que era el más bello atractivo de su carácter;
las manos de Apolo, apartándose de la lira, fueron admirables en la confección del menú;
el dios humanizado, salió de su bosque de laureles y, fue un factor de ricas viandas, como no la devoraron sus hermanos del Olimpo, habituados al uso empalagoso de la miel;
yo, era el único invitado y hablamos en la encantadora intimidad, de dos espíritus que se comprenden;
él tenía entonces, el empeño que tuvo siempre, de que yo, colaborara en *La Nación*, y, me proponía escribirle al Señor Mitre, a ese respecto;
me opuse rotundamente a ello, fiel a mi propósito de no dejarme devorar por la Crónica, que ha esterilizado y devorado tantas bellas inteligencias.
Darío, tenía ya, dos adoraciones que, lo acompañaron en su vida: *La Nación* de Buenos Aires, y, el Poeta Lugones;
y, se empeñaba en que yo las compartiera con él.
Darío —ya lo he dicho— no era un gran *causeur* pero era un admirable sugeridor de temas;
sabía escuchar, y, tenía una como voluptuosidad auditiva, en oír bellos conceptos;
y, los provocaba...
con la cabeza inclinada y el gesto grave, decía:
—¿Y, Fulano?... ¿y Zutano?... ¿y Mengano?
si el juicio le agradaba sonreía;
si era contrario a su opinión, sonreía también, pero sin aprobar...
defendía a sus amigos, y, no hablaba mal de nadie, ni aún de aquellos que le habían hecho mayor mal;
el don de la Ironía, le había sido negado por la Naturaleza, como todos los dones de combate;

ese día hablamos mucho y de muchos;
y, el Poeta, me contó sus cuitas;
eran bien tristes;
no será nunca un gran Poeta, aquel que no se ha alimentado
de sus propias lágrimas;
y, Darío, apuró ese cáliz, hasta las heces.

Capítulo VI

Era en 1912

Yo había estado enfermo, y, Darío me visitaba casi a diario, porque este Poeta era fraternal, con una fraternidad llena de candor olímpico;
en esta triste época de *bluff*, de envidia y de detractación, profesionales en la literatura, Darío, ha constituido en eso, como en todo, una excepción, siendo no solo, el primero entre los grandes, sino el primero entre los buenos;
simple y, tímido, como de La Fontaine, dijo La Bruyere, este espíritu tan complicado en Arte, era de una simplicidad franciscana, en asuntos de sentimiento;
y, era de ver, con qué cuidado, con qué premura, ayudaba él mismo con sus pálidas manos de Aeda, a la confección de las tisanas y de los cordiales, a aquellos que me rodeaban en esta selva de la Soledad, que ha sido mi Vida, y que empezaba ya a hacerse impenetrable;
se ocupaba entonces mucho del *Mercure de France*, del cual era colaborador muy estimado, y de la *Nouvelle Revue* a la cual prestaba todo su apoyo.
trajo a mi casa algunos redactores y colaboradores de esas revistas, entre ellos, al Señor Rouviere, que escribió en el *Mercure* un bello artículo sobre mis *Rosas de la Tarde*.
Más que mi mala salud, mi aversión al croniquismo y al gacetillaje, me impidió secundarlo en sus planes, y, escribir en esos periódicos.
Darío, creía asistir a la aurora de una literatura americana, y, se empeñaba en revelarla a la Europa;

su generoso sueño murió sin realizarse, porque lo que él creía aurora, no era sino el pestañear de unas pocas estrellas, sobre un cielo muy remoto, en la profunda noche ecuatorial...
trajo entonces a mi casa, para presentármelo, a Manuel Ugarte, un gran Poeta argentino, rico en ensueños y, en caudales, que entusiasta y, opulento, vivía y escribía bellos libros de Arte y de Amor, y, el cual, a semejanza de Swinburne, cambió luego su lira de Apolo, por la lira de Tirteo, y, hoy, fascina con ella las multitudes socialistas de las riberas del Plata;
la Naturaleza, había hecho a Darío poeta hasta la médula de sus huesos;
la Poesía, lo envolvía, como una túnica sutil, que todo lo embellecía y lo divinizaba;
en ese ser de excepción, hecho de ritmos y de armonías, había una saturación de ideal, que impregnaba y dirigía hasta sus menores gestos;
todo en él, era poético;
la voz, el gesto, la mirada, y, por sobre todo eso, su Silencio...
ese silencio profundo, en el cual se sentía como en el de los cielos, una música de astros;
con esa gracia de ideal, Darío embellecía todo, hasta su miedo, un miedo infantil y pueril, que tenía la belleza de las lágrimas de un niño, despertado en la Noche;
yo, recuerdo, que por aquel entonces, y ya convaleciente, nos encontramos reunidos, no sé por qué extraña casualidad, una noche, en una Brasserie, existente en el ángulo de la rue de Maubege y la rue de Chateaudun, Blanco Fombona, Gómez Carrillo, Rubén Darío, y yo;
se habló de espiritismo, de demoniología, de endriagos, de duendes, y de aparecidos...
cada uno forzó la nota de lo fantástico;

hubo narraciones espeluznantes...
se agotó lo macabro...
y, todo con objeto de asustar al Poeta, que pálido, sudoroso, llenos los ojos de un inenarrable horror, se llevaba las manos a los oídos, para no escuchar aquellos cuentos de un hoffmanismo superlativo...
había en Darío, la tendencia, casi la necesidad de creer, que es inherente a todos los débiles;
creía en todo, hasta en las cosas más absurdas;
el mundo sobrenatural, lo atraía con una fascinación irresistible, como todos los aspectos del Misterio;
creía en Dios...
creía en el Diablo...
y, estos dos fantasmas, lo hacían temblar...
¿qué de raro que creyera en los aparecidos y en los otros fantasmas?
ello es, que aquella noche, sufrió mucho, y, cuando ya agotadas las fuentes de lo fantástico, no hubo nada que contar, y nos pusimos en pie para separarnos, él suplicó a algunos de los jóvenes discípulos que lo escoltaban en todas partes, acompañarlo hasta su casa, porque tenía miedo de quedarse solo.
Gómez Carrillo, que por ir en la misma dirección que yo, me acompañó un trecho de camino, me decía:
—Darío, no va a dormir esta noche;
y, en efecto, supimos luego, que por temor a las visiones que lo obsesionaban, no había ido a su casa y el alba, le había sorprendido, en un café del Boulevard, en medio del Cenáculo ambulante, que lo acompañaba...
años después, me decía, con voz temblorosa y ojos asombrados:

—¿Es verdad lo que ustedes contaron aquella noche? ¿usted cree en eso?
y, palidecía, como si viese surgir de nuevo, las visiones terroríficas, que inventó nuestra fantasía, en una noche de humor; ese candor homérico, era una de las distintivas de aquel Genio, al cual para ser completo, no falta sino la perspectiva enorme de los siglos.

Capítulo VII

Era en 1903

El poeta, cuando es verdaderamente un Poeta, y no esa máquina de hacer versos, que todos conocemos, tiene eso de sobrenatural, que de él, se desprende un efluvio espiritual que lo envuelve, y lo hace invisible a los demás, no dejando en descubierto sino el Hombre, el miserable Hombre, tan semejante a los otros, que estos se creen obligados a profanarlo con su admiración;
esa admiración de incomprensivos, que es uno como sport de los inéditos de la celebridad, rodeaba ya a Darío;
no había versificador incipiente y melenudo, recién llegado de España o desembarcado de América, adolescente polucionador de las musas inermes, gacetillero trashumante de diarios de allende o de aquende el mar, o corresponsal de revistas, más o menos adineradas, que llegando a París, no se creyera en el deber de buscar a Darío, visitar a Darío, seguir por todas partes a Darío, y escribir sobre Darío, creyendo haber conocido a Darío, porque habían hablado con Darío;
así, se le veía por todas partes seguido de una turba multicolor y abigarrada, de aspirantes a bohemios del barrio latino, y dandys, pasados por agua; ora en la calle escoltado por ellos, ora en la *terrasse* de algún café de los grandes boulevares, ora en el fondo de alguna *brasserie* de Montmartre, rodeado de ellos, casi podría decirse que prisionero de ellos, silencioso, taciturno, ensimismado, en ese gesto de *dejarse adorar*, que le era habitual, cuando se hallaba circundado de esos séquitos adventicios;
a causa de eso, yo, no lo veía con la frecuencia de otras veces, pero como ya nos ocupábamos de trabajar para hacerlo

nombrar Cónsul de Nicaragua en París, él, venía a verme, en los pocos momentos que su escolta de ulanos, le dejaba libre; era en esos momentos, que él, buscaba a sus amigos, a Gómez Carrillo, que fue su hermano espiritual de toda la vida, a Bonafoux, a Blanco Fombona...

era en esos momentos, que me buscaba a mí, llegando hasta mi soledad, aquel cirio vivo, ardiendo ante el altar de la Belleza, que no dejó de arder, sino para convertirse en Sol...

no era alegre entonces la vida de aquel Poeta de las tristezas ocultas, que se debatía contra todas las miserias, con una tan alta dignidad, que no la tuvieron nunca los filisteos de la Crítica, que lo insultaron en nombre de la Virtud...

atravesaba entonces una crisis sentimental, aquella noble alma que pasó por insensible, simplemente porque era profunda, y la mayor parte de sus pasiones, no tuvieron objetos dignos de ellas, y por eso no guardaron sino la actitud estatuaria del Silencio...

sus dramas íntimos, no tuvieron la belleza victoriosa de sus versos;

fueron vulgares y silenciosos, y, si alguna vez aparecen en la historia de su Vida, el Poeta, para no verlos, se cubre la cabeza con el manto del Olvido, como Agamenón se cubrió la faz con la punta del suyo, para no mirar el sacrificio fatal...

en esas horas de angustia, la palpitante debilidad del Poeta, se diluía en lágrimas, y, tenía necesidad de la ajena consolación...

la admiración, no alcanzaba a consolarlo, y, buscaba ese consuelo en los labios y en el corazón de la amistad;

—*Intermezzo* drami-cómico;

tiempo de crudo invierno;

las dos de la mañana;

siento tocar en la puerta de mi cuarto;

despierto sobresaltado...
¿quién puede ser?
yo, vivía en casa de una familia muy honorable, de la cual fui huésped por largo tiempo;
¿qué podía suceder a aquella hora para turbar la quietud de aquella casa?
una desgracia, sin duda;
salté del lecho, me vestí apresurado, y abrí la puerta...
no olvidaré nunca el cuadro que se presentó a mi vista;
la Señorita de la casa, envuelta su belleza circasiana en un amplio peinador de seda roja, me miraba con enormes ojos de inquietud;
la Señora, en una *toilette* semejante, ocultaba sus temores, bajo un actitud airada de Juno;
la portera, con su cofia de dormir, ladeada por el espanto, flameaba de cólera; y, detrás de ellas, que eran como una trinchera de carne, entre el portero, que ostentaba airado, y en alto un bastón, y un joven inglés, único que compartía conmigo, los honores de la hospitalidad en aquella casa y que venía armado de un revolver desnudo, aparecía un hombre pálido, ceñudo, que me miraba con pavor; era Darío;
¿de dónde venía?
¿qué le había sucedido?
¿por qué llegaba a esa hora?
venía de dejar a su compañera en el hospital;
había vagado desamparado y solo toda la noche, y ya tan tarde, regresando del *Bois*, había pensado en mí, que vivía por esos barrios, y había querido venir a contarme su dolor, para que yo lo consolara...
había tirado el cordón de la puerta;
le habían abierto;

el portero, al ver pegado al cristal de su *loge* el rostro de aquel hombre, que no era un huésped de la casa, y que si no tenía el aspecto de un *bandido manchuriano* como de Verlaine, dijo Mareas, si era inquietante, con su palidez india, su rostro malgacho, y su aspecto taciturno, se levantó para preguntarle malhumorado, qué quería...

—Monsieur Vargas Vila... —dijo Darío—, con la parquedad imperativa de palabras, que le era habitual:

—Monsieur Vargas Vila, no recibe a estas horas —replicó el portero, mirando de pies a cabeza, al extraño visitador que con la elegancia de su traje, no tenía el aspecto de un ladrón —y añadió: Vuelva usted mañana...

—Necesito verlo —dijo Darío, cada vez más imperioso.

—No puede ser.

—Sí; lo veré...

y, con esa obstinación peculiar suya, volvió la espalda y, se dirigió a la escalera;

el portero, no atreviéndose a detenerlo, lo siguió, armado hasta los dientes y seguido de su mujer;

tocaron a la puerta del apartamento;

gran sorpresa adentro...

¿qué podría ser a aquella hora tan tarde de la noche?

la señora se vistió apresurada, y, preguntó miedosa quién era;

al oír la voz del portero y escuchar que decía mi nombre, creyó que era algún telegrama urgente y abrió la puerta;

al ver a Darío, que entró sin decir una palabra, estuvo a punto de desmayarse;

el portero le explicó que aquel señor se obstinaba en verme;

entonces ella, consultó a su señorita hermana;

y, en ese consejo de familia, se resolvió protegerme heroicamente, contra aquel hombre, que sin duda venía a matarme, porque según ellas, era yo un personaje muy importante en

América, donde es cosa muy común matar los personajes importantes;
se llamó para aumentar la escolta que debía reducir a la impotencia al asesino, al joven inglés, al cual he hecho referencia, quien con su revolver al puño, se unió a la comitiva y acompañó a Darío, hasta la puerta de mis habitaciones;
apenas la abrí, y, al verme, Darío me dijo con voz grave, obedeciendo a su preocupación:
—Está en cinta;
y, cruzó los brazos sobre el pecho con solemnidad, y, añadió luego, con una voz ya trémula de llanto:
—Vengo de dejarla en el Hospital;
y, dobló la cabeza haciendo un esfuerzo para libertarse de aquella actitud de Pretorio, en que estaba;
felizmente, hablaba en castellano, y las damas no pudieron darse por aludidas, con aquella frase, «está en cinta», que recordaba la anunciación del Arcángel Gabriel;
como la expectativa continuaba en la generosa escolta que había venido para salvarme, hube de explicar a los miembros de ella, que aquel hombre tan temido, era un gran Poeta, un gran amigo mío, que venía de dejar a su *Señora*, en el Hospital, y estaba consternado por ello;
el portero, dejó caer el palo que tenía alzado, como el poste de una horca, sobre el Poeta;
el inglés, enfundó su revólver;
las señoras sonrieron, compasivas y enternecidas, ante tan noble dolor;
la portera, lanzó un *sacre nom*, que hizo temblar el piso, y, bajó como una tromba, por la caja de la escalera;
las señoras y el inglés, se retiraron.
Darío, entró entonces, me abrazó y lloró...
estaba ebrio, pero, no de vino, sino de Dolor;

apuraba el licor de sus propias lágrimas...
en el Poeta, todo se magnífica, especialmente: el Dolor;
todo Gran Poeta, es un Gran Dolor;
si Dios existiera, Dios sería el Dolor Supremo...
y, eso, porque solo el Dolor, nos hace grandes;
y, el dolor de Darío, era muy sincero;
clareaba el alba, cuando el Poeta, convino en partir, acompañado por el portero, que no nos había abandonado, y que de vez en cuando bajaba a la puerta, para calmar el *chauffeur*, que empezaba a impacientarse...
y, el Poeta partió, cerrando los ojos a la soledad que se extendía ante él, ya que no podía cerrarlos para aquella que había dentro de su corazón...

Capítulo VIII

Era en 1904

Habíamos triunfado.

Darío, había sido nombrado Cónsul de Nicaragua en París;

las intrigas del Ministro en Francia, nos habían vencido en parte, impidiendo que Darío fuera nombrado Cónsul General, puesto que desempeñaba un francés, el cual quedó relegado a serlo *in partibus infidelium*, pues Darío, era nombrado Cónsul en *ejercicio*, con la exigua asignación de quinientos francos mensuales;

el Poeta, estaba feliz;

era la primera vez que se asomaba a las regiones oficiales de su patria, pues tal vez profesaba in pecto la teoría de Hoffman, de que el primer deber de todo artista verdadero, es despreciar profundamente la política, porque el político profesional, es el filisteo agresivo y merodeador; el más funesto de todos los filisteos.

Darío, estableció con lujo, su Consulado en el *Passage des Princes*;

había ya descubierto por aquel entonces, un mexicano, que le fue siempre muy útil y, lo acompañó a través de mil peripecias de su vida;

era este, un hombre muy listo, sutil, taimado, terriblemente vaselinesco, y, de una amabilidad profesional desconcertante;

correcto, meticuloso, decorativo, con una larga barba, que era su culto, y, que debió ser rubia, antes de encanecer prematuramente, ya que en cuanto a los cabellos, era imposible saber de qué color fueron nunca, si es que los tuvo alguna vez, tan total, y más que todo, tan radical era su ausencia;

por esa barba florida, por esa calva completa, por esos ojos azules, tenía, es verdad, una innegable semejanza con Maximiliano de Habsburgo, Emperador de México, y Darío se empeñó en meterle en la cabeza, que era un hijo bastardo, del imperial aventurero;
no creo que él, que no era un cándido, tomara en serio esa broma, pero si sé, que tanto se lo dijeron que llegó a maximilianizar seriamente, y, a veces bajo el poder de la sugestión, llegó tal vez a creer que había sido de veras, fusilado en el «Cerro de las Campanas»;
dos cosas, había inseparables, de Maximiliano, como lo llamaba Darío: la sonrisa, que no moría nunca en sus labios, y, un portafolio enorme, en cuero negro, que no le faltaba nunca bajo el brazo;
viéndolo con él por la calle, tenía el aspecto de un notario de pueblo, llamado para hacer un testamento;
era obsequioso, untuoso, meloso, pero todo dentro de la seriedad más correcta;
llamaba a Darío; *mi Señor* don Darío;
a Palacio Viso, *mi Señor* don Ramón;
a mí, *mi Señor* Vargas Vila;
y, su pongo que a todos los demás amigos de Darío, les impondría, el mismo posesivo abrumador.
Maximiliano, fue nombrado por el Poeta, secretario del Consulado; y, éste, regentado por él, entró en un orden perfecto; porque Maximiliano, era el Orden, un orden meticuloso y pulcro, de farmacéutico.
Orden y Amabilidad, parecía ser la divisa, de este doctor angélico de la Paciencia, que fue desde entonces, algo como la sombra del Poeta, siguiéndolo a todas partes,
yo, regresaba en esos días, de Florencia, muy enfermo;
para calmar mis nervios sobreexcitados, una de cuyas características era el horror de los automóviles, a cuya vista me

inmovilizaba, habiendo estado a punto de ser víctima de uno de ellos, los médicos me enviaron a Venecia, en cuyos silencios lacustres, no corría el peligro de ser atropellado sino por alguna góndola, si tentaba la aventura de atravesar a nado el Gran Canal, lo cual, visto que no sé nadar, era un peligro descontado de antemano;
las perspectivas de aquel viaje hacia las calmas lagunares, sedujeron a Darío, que resolvió acompañarme;
él, había estado en Venecia, pero, como turista, viendo el rostro de la Sirena polinsular, pero sin penetrar en su alma quieta y profunda...
la idea de una larga permanencia, en aquel archipiélago de ensueño, lejos del ruido de los hoteles, y de las caravanas cosmopolitas, en uno de esos lugares silenciosos de meditación y de contemplación que yo conocía, se apoderó del Poeta, y ya no pensó sino en eso; en las cosas por ver, en los versos por escribir, en la Obra prodigiosa que traería de allí...
se convino en que Maximiliano, quedaría encargado del Consulado, con la aquiescencia del Ministro, que con tal de ver alejarse a Darío, en cualquiera dirección, la dio muy voluntario, cuando yo se la pedí;
se hicieron todos los preparativos;
se cerraron las maletas; y llegó el día del viaje;
en la mañana, debía Darío, asistir a un almuerzo de despedida, que le ofrecían los *húsares de su guardia*, como llamaba yo, el séquito, siempre renovado de versificadores y cronistas ultramarinos que lo seguían;
a la hora fijada estuve en la estación. Darío, no estaba...
esperé...
nadie venía, ni siquiera Maximiliano, con alguna noticia del Poeta...
nada...
nadie...

pita el tren...
monto... y, el tren parte...
y, ¿el Poeta?
llegó horas después; había sido el prisionero de sus admiradores, habiendo tenido que oír veintidós discursos, en prosa y verso, según luego me lo escribió...
sobrevivió a esos discursos, pero no pudo efectuar su viaje...
eso lo entristeció...
sus cartas, que ahora mismo releo, están trémulas de esa tristeza...
y, en ellas se nota que el suave perfume de Belleza y Voluptuosidad de las islas remotas, hacía temblar sus nervios... con el temblor del agua en los canales quietos, donde el alma desnuda de Venecia se ofrece a los besos del viento, que desflora una a una la sutil transparencia de sus olas.

Capítulo IX

Era en 1905

El Gobierno de Nicaragua, había sometido al Arbitrage de S. M. el Rey de España, su: Cuestión de Límites con Honduras; esta República, acreditó una Misión Especial, para sostener los términos del Litigio, ante el Real Árbitro.

Nicaragua, se apresuró con igual objeto a constituir la suya, nombrando para formarla, a don Crisanto Medina, su Ministro ante varios gobiernos europeos, y a mí, que era Cónsul General de la República en Madrid;

apenas constituida la Misión, Darío, me manifestó el deseo vehemente de pertenecer a ella;

deseaba ir a Madrid, al cual amaba mucho, y, en el cual, era muy amado;

me apresuré a secundar sus planes, contra el querer del Señor Medina, que sentía por Darío, un odio ciego, irracional, uno de esos odios que radican en lo más oscuro de la humana bestialidad;

se hablaba de un lejano drama de familia, que ponía una frontera de sangre entre los dos;

yo, no lo creo;

Don Crisanto, odiaba a Darío, por lo mismo que odiaba a todos los hombres inteligentes; porque tener talento, era a sus ojos un crimen; el más grande de todos los crímenes;

yo creo, que oscura y embrionariamente, hasta donde él podía raciocinar, tenía la idea confusa de que todo hombre de talento, le había robado el suyo, y, que era por tener los otros tanto, que él no tenía ninguno;

y, por eso, los odiaba;

yo, recuerdo, que paseando una vez en coche, por el Bosque de Boulogne, él, me hablaba de cosas pretéritas, y, de súbito, como si un recuerdo lo hubiese picado con el aguijón de un áspid, me dijo, mirándome fijamente:

—Dígame una cosa, usted que sabe tanto de eso, ¿es verdad que Montalvo, aquel *mulatico ecuatoriano*, que escribía aquí, tenía talento?...

ese *mulatico ecuatoriano*, era, nada menos que el enorme, el descomunal, don Juan Montalvo, el Autor de *Los siete tratados* y de los *Capítulos que se le olvidaron a Cervantes...* libros que, desde luego, don Crisanto, no había leído;

dos sentimientos se disputaban su alma, respecto a los escritores: el Odio, y el Temor;

aquel hombre tan brutalmente valeroso, que en su juventud aventurera, había corrido y vencido todos los peligros de la selva, y, ya civilizado, en Europa, se había batido varias veces, y, a los setenta años, se batía con la misma acometividad de hace cuarenta, tenía un miedo cerval, a la pluma; era lo único que lo hacía retroceder y temblar;

por eso, odiaba igualmente, a todos los escritores;

y, respetaba solo a aquellos que eran escritores de combate;

y, como Darío, no era sino un Poeta, don Crisanto, se creía, no ya en el deber de odiarlo, sino de despreciarlo;

para él, un escritor era un animal maléfico, pero un Poeta, era el animal más inútil que ha nacido sobre la tierra;

y, Darío, era un Poeta;

así, cuando supo que él, quería formar parte de la Misión, y, que trabajábamos en ese sentido, tuvo una verdadera contrariedad;

¿qué venía a hacer Darío en la Diplomacia?

¿qué sabía Darío, de la Diplomacia?

porque don Crisanto, creía en la Diplomacia;

no sabía a ciencia cierta qué era, pero barruntaba que era una ciencia;
una ciencia infusa y cabalística, de la cual Maquiavelo y Talleyrand, habían sido los apóstoles;
él, no habría podido decir qué habían hecho o escrito Maquiavelo y Talleyrand, pero, se conformaba con creer que debieron escribir sin duda, sobre la mejor manera de llevar el uniforme y, hacer del pecho de la casaca, un cementerio de pueblo, donde no faltara ninguna forma de cruz...
a ese respecto, era el tipo perfecto del diplomático latinoamericano;
cuarenta años de *Diplomacia*, lo habían avezado de tal manera al uso de la librea, que nadie llevaba una, con más orgullo y más elegancia que él;
fuera de la del martirio, llevó todas las cruces sobre el pecho;
y, por eso no comprendió nunca que un hombre sin galones y sin cruces, pudiera ser un Hombre;
y, Darío, no se había puesto todavía un uniforme, ni tenía más cruz que la del matrimonio; ¿de qué podía servir?
al principio no tomó en serio la pretensión de Darío, de formar parte de la Misión;
luego se opuso decididamente;
después se indignó;
y, cuando Darío, venció en su empeño, se propuso amargarle el triunfo, con todas las humillaciones posibles;
uno de los deseos inocentes de Darío, era el de ser presentado al Rey, el día que la Misión, fuera recibida oficialmente en Palacio;
don Crisanto, lo supo, y, resolvió estropear los planes del Poeta;
se presentó inopinadamente en Madrid, y, pidió la Audiencia;

una noche, me sentí llamar por teléfono del Hotel de Roma;
era don Crisanto, para anunciarme, que el día siguiente S. M. recibiría en Audiencia la Misión de Nicaragua...
—¿Darío? ¿no esperamos a Darío? —le dije...
—No, yo tengo que regresar inmediatamente a París, me dijo;
al día siguiente, la Misión, fue recibida en Palacio...
pero, la Misión, era don Crisanto; *solo*;
porque yo me había enfermado voluntariamente.
Darío que llegó dos días después, fue muy triste de ese suceso, pero la admiración y la amistad, se encargaron de consolar la tristeza del Poeta;
siempre por encima del Dolor, como todo Genio, Darío se refugió en su Gloria, para olvidar las heridas del Odio;
aislado en las regiones de sus sueños, se dio todo entero a su personalidad, y a su grandeza de Poeta;
cuanto de intelectual había en Madrid, acudió a rodearlo;
poetas, prosadores, dramaturgos, periodistas, cuantos con honor manejaban una pluma, rindieron pleitesía a aquel que era ya, el Primero de los Poetas de la lengua;
habrá que hacer esa justicia a España, ella fue la primera en reconocer la Gloria absoluta de Darío, cuando en América, la Crítica bozal se la disputaba aún, tartamuda de Envidia.
Valle-Inclán, Villaespesa, los Machados, Zayas, Dicenta, Benavente, Bueno, Baroja, todos fueron los amigos y los admiradores, del bardo innovador y trashumante, en cuya vida inquieta y tenaz, hervía el metal fundente, de su Obra, aquella Obra Inmortal y Unica, cuyo aislamiento divino, parece apoyarse en los dos polos inmóviles de la Eternidad.
Darío, gozaba cándidamente de esa suave atmósfera, de amor literario, que lo envolvía, como un humo de incienso, escapado a los altares de sus epígonos, que compartían con él, los homenajes, el culto y la admiración del mundo hispano;

el círculo literario que lo rodeaba en Madrid, era bien distinto del cortejo abigarrado y pintoresco, que la resaca de los viajes trasatlánticos, formaba en deredor suyo, en París;
con todo eso, y ser muy dilecto y exquisito, ese grupo de prosadores y poetas españoles que lo frecuentaban y tener yo, por algunos de ellos, una amistad y una admiración, muy verdaderas, no lo visitaba con frecuencia, por este mi sacro horror, a las promiscuidades literarias, que por altas que ellas sean, me han parecido siempre una profanación del Intelecto;
él, lo sabía, y me visitaba con mucha frecuencia, solo o acompañado de alguno o algunos de esos espíritus fraternales, que él comprendía que podían serme agradables, especialmente de Villaespesa, por el cual, él, y yo, teníamos ya tanto cariño y tanta admiración;
una mañana, llegó presuroso y feliz, trayéndome un verso, que había hecho la noche anterior, hablando de mí, y disculpando mi aislamiento con alguno de sus amigos;
era esa bella y cariñosa estrofa, que yo puse después en la portada de algún libro mío, la cual ha sido muy reproducida, y que decía:

Vargas Vila, señor de rayos y de leones,
callado y solitario recorre las ciudades,
y ninguno alimenta rebaño de ilusiones,
como este luminoso Pastor de Tempestades.

y, sonreía... oyéndome leer esa admirable *plaquette*, donde él, el pintor de oro y azul, había puesto en su paleta maravillosa, algo de rojo, para esbozar mi hosco perfil de solitario;
el pensamiento de la Unión Intelectual Hispano-Americana, no era por aquel entonces, un negocio de vivos, sin otro patrimonio que su audacia, como se ha hecho luego, en diversas

ciudades de la Península, sino un pensamiento serio y vivaz, una alta idea proclamada y sustentada, por hombres de indiscutible valor mental, como Silvela, Rodríguez Sampedro, Piernas y Hurtado, Conde y Luque, Moret, Amos Salvador, Armiñán y otros cuya honorabilidad, los ponía al abrigo de toda sospecha de lucro, y de explotación;
era el representante genuino y único de esa Idea, oficialmente proclamada, la Unión Ibero Americana de Madrid, de la cual era Presidente, el Señor Rodríguez Sampedro y Secretario General, Panda y Valle;
hombre de mundo, de una rara y muy sutil inteligencia, sagaz e infatigable, Panda y Valle, era, y fue, hasta su muerte, el alma de esa Institución, por no decir que la Institución misma;
andaba siempre a caza de americanos de algún renombre, llegados a Madrid, para cortejados, ponerlos de relieve, y atraerlos con su exquisito tacto de hombre superior al servicio de su pensamiento y de su obra...
por mucha que fuese mi tendencia a ocultarme, Panda y Valle, supo que yo estaba en Madrid;
me visitó, me obsequió, me llenó de atenciones, pero bien pronto su grande inteligencia comprendió, que yo no era el tipo del Americano, que él, hallaba todos los días, del criollo, que viene a Madrid, a desbabarse de celebridad, enfermo de exhibicionismo y coloniaje mental, cándido y gacetillable, animal muy útil a los cronistas ayunos, y a los escritores de sueltos centaveros, ese pobre animal desplumable a todos los vientos de la publicidad, y del cual, me ha tocado enrojecer tantas veces, durante mis largas permanencias en Madrid;
el encuentro con un escritor como yo, que marchaba vuelto de espaldas a toda publicidad y a todo reclamo, que se muraba en su soledad, y no sabía dónde quedaban las Redaccio-

nes de los periódicos y no celebraba *interviews* sino consigo mismo, lo interesó enormemente, y resolvió poner sitio a mi Soledad, para sacarme de ella.
Panda y Valle, era irresistible y de una tenacidad que nada desarmaba ni vencía;
éramos ya amigos;
y, él, era un amigo admirable; uno de los más bellos y más nobles corazones que puedan albergarse en el pecho de un hombre;
y, creyendo hacer un bien a sus ideas, se propuso sacarme de mi aislamiento;
para ello, dio primero, un gran banquete exclusivamente de directores de periódicos, para presentarme a ellos;
yo, le exigí, que invitara a Darío, a quien le presenté.
Panda, fue encantado de esto, que le daba un valiosísimo elemento para su Obra;
el banquete tuvo lugar.
Darío, fue obsequiadísimo, y, festejadísimo, y no tuvo sino dos contrariedades, la una, que por exigencia mía se habían suprimido los brindis y los reporteros, y la otra, que también por exigencia mía, no pudo presentarme a muchas personas, que él deseaba que me conocieran;
el fracaso de este banquete, que murió en el silencio, y, no tuvo eco ninguno, como si todos hubiésemos hecho el voto tácito y mutuo de olvidarnos, no desarmó a Panda y Valle;
con motivo de un plan de intercambio intelectual por medio del libro, organizó una gran Sesión Solemne en el Ateneo, con anuencia y asistencia prometida, de los más valiosos elementos intelectuales y oficiales de la Capital, y se empeñó en que yo había de ser el Orador de Orden de esa Velada;

no pude eximirme, y acepté, a condición de que Darío, sería también instalado a hablar en este acto, lo cual daría a este, un sello de alta y noble espiritualidad;
se convino así, y yo me comprometí a obtener la aquiescencia del Poeta;
este aceptó agradecidísimo y feliz, ante la idea de hablar en el Ateneo, en una Sesión Solemne, en que según se rumoreaba, gente de los más altos linajes había de concurrir;
dijo el Poeta, que se pondría a la Obra; mas los días sumábanse a los días, el tiempo huíase ligero, el de la fiesta llegaba, y, el rosal estético del Poeta, no producía la rosa ofrecida para su ofrenda, en aquella fiesta de Intelectualidad trascendental;
mío era el compromiso con Panda y Valle; mío y de nadie más;
el nombre del Poeta figuraba ya en los programas de la fiesta y, era objeto de general expectativa;
sobrecojióme el espanto de que pudiera yo quedar en descubierto por un olvido suyo;
fui a verlo;
vivía entonces en una oscura y equívoca morada, a donde uno de los bohemios que lo explotaban, lo habían llevado;
hallélo rodeado de su tribu familiar, venida del lejano pueblo, para roerlo también;
estaba en una bien triste hora el Poeta, pero, sin embargo bastante consciente, para prometerme con seriedad el cumplimiento de lo ofrecido;
aún en esos momentos suyos, él era afable y cortés;
los días pasaban;
era la ante víspera de la fiesta... y, Darío, no había hecho los versos...

antes de escribir a Pando y Valle, el derrumbamiento de nuestro proyecto, y el fracaso de mi compromiso, quise hacer un último intento.

Palacio Viso, fue el comisionado para esa empresa;

aquella noche se dirigió a casa de Darío, con intención de instalarse en ella hasta obtener la victoria;

iba resuelto a emplear todas las fuerzas, no espirituales, sino *espirituosas*, que fueran necesarias para vencer la indolencia del Poeta, que en momentos semejantes llegaba hasta la abulia definitiva;

el efecto de esas fuerzas fue lento, pero completo;

a las dos de la mañana el Poeta entró en ese grado de sonambulismo lúcido, que marcaba los instantes álgidos de su grande inspiración;

silencioso, grave, impenetrable, como siempre que estaba en ese estado, se puso a escribir;

dos horas después, leía a sus amigos conmovidos y atentos, aquella admirable: Salutación del Optimista, que principia diciendo:

¡Ínclitas razones ubérrimas, sangre de Hispania fecunda.
Espíritus fraternos, luminosas almas, salve!...
...

una de las más bellas poesías, de lengua hispana, y de todas las lenguas, acababa de ser escrita.

Villaespesa, el Poeta fraternal y altísimo, que por ser tan capaz de haberla escrito, era tan capaz de admirarla, vio con júbilo no solo la aparición de los bellos versos, cosa que a él, le es familiar, sino el final de una angustia, que empezaba ya a pesar sobre todos los que amábamos con pasión, el prestigio y la gloria del Poeta;

al día siguiente, Palacio Viso, entraba vencedor en casa, trayendo en sus manos el precioso trofeo;
la fiesta tuvo lugar.
Darío, leyó sus versos;
y, obtuvo un triunfo merecido y estrepitoso...
el Poeta fue feliz...
...
Poco tiempo después, el Gobierno de Nicaragua, nos nombró a Darío y a mí, para representarlo, en las fiestas del Tercer Centenario del Quijote, en Madrid;
fue una suntuosa fiesta literaria, en el Paraninfo de la Universidad;
yo, pronuncié unas *Palabras*, que luego fueron publicadas, en mi periódico: *Nemesis*, y en mi libro *Ars-Verba.*
Darío, no concurrió;
se había enfermado, pero, conservando lucidez bastante, para comisionar a Martínez-Sierra la lectura de unos versos, hechos para esa festividad Histórica...;
y, Martínez-Sierra, leyó: la «Letanía del Señor Don Quijote»:

Rey de los hidalgos Señor de los tristes
Que de fuerza alientas y de ensueños vistes...

Días después, Pérez-Triana, que era Representante Diplomático de la República del Salvador en España, nos invitó a un almuerzo, en casa suya, a Darío y, a mí;
yo, era ya, de vieja data, amigo de este hombre inteligente y amable, cultor exquisito de literaturas, apasionado por los versos, habiendo llegado en ocasiones hasta la debilidad de hacerlos, y, admirador muy condicional del Gran Poeta, a quien yo le había presentado en mi casa, recientemente.

Pérez-Triana, fue siempre espléndido y cordial, y su casa y su mesa, ejemplos fueron de cultura y buen vivir;
siguiendo esa tradición, el almuerzo fue exquisito y embellecido por la presencia de la Señora del anfitrión, que como dama muy culta, era ansiosa de conocer a aquel que era ya, el Primer Poeta, del mundo hispano-parlante, como hubiera dicho el propio Pérez-Triana, con esa locución que él puso en giro...
pero... llegó la hora...
y, el Poeta, no vino...
nos pusimos a la mesa, y, el Poeta no llegó...
se había enfermado...
suena el timbre...
¿es el Poeta?
no;
es un mensajero, que trae una esquela del Poeta;
una esquela, en que disculpaba su ausencia por su enfermedad;
la esquela era en verso;
unos versos, que probaban que en efecto, estaba enfermo;
los leyó Pérez-Triana, y, como su miopía excesiva no le permitía hacerlo muy bien, los pasó para que los leyera, a Luis de Armiñán, hombre cultísmo, tan hábil en las letras, como en la política, y, lleno ya de un justo renombre en ambas;
la impresión, fue muy penosa...
pero, la alta gloria del Poeta, quedó intacta...
¿qué se han hecho esos versos?
deben reposar en el archivo de Pérez-Triana...;
hay que agradecer a su exquisito gusto literario, y, a su respeto por la gloria de Darío, el que no los haya publicado.
Después, Darío, no gozó ya de grandes días de salud;
la nostalgia de París, lo poseyó;

desilusionado sobre el asunto de la Misión, disgustado y humillado por la actitud rencorosa del Señor Medina, el Poeta entristecido, volvió a su Consulado de París.

Capítulo X

Era en 1906

Promediaba el año...
el Señor Medina, disgustado por asuntos económicos con el Gobierno de Nicaragua, resolvió retirarse de la Misión en España, hasta que no fuese satisfecha su petición de dinero...
Aquiles indignado se retiró a su tienda;
y, desde ella me escribió que la Misión quedaba a mi cargo, y que me deseaba un pronto y seguro triunfo...
como ese muerto, no era mío, no quise cargarlo sobre mis hombros, y fui a París, para entregárselo al Señor Medina, haciéndole ver que él, debía ser el sepulturero de sus propios errores;
el viejo diplomático, tascó el freno, pero hubo de resignarse;
y, Darío y yo, hicimos entonces, el pacto formal de no poner los pies en Madrid, hasta que el Señor Medina, no hubiese liquidado esa factura de torpezas, y de complicidades, que había sido su actuación en ese asunto...
el Poeta, partió hacia Dieppe...
yo, me refugié en la soledad de mis jardines de «Villa Ibis», cerca al mar azul y, espléndido, cuyas palabras misteriosas, me eran de una gran dulzura y, de una gran consolación...

Capítulo XI

Era en 1907

La obra del Señor Medina, había sido consumada;[3]
yo, inicié entonces a Darío, en la conveniencia de hacerse nombrar Ministro en Madrid.
Darío, aceptó gozoso;
haciendo un enorme sacrificio pecuniario, y, dejando a su compañera en el Hospital, a donde nació ese niño, que luego fue su encanto; el Poeta partió.

3 Como no me propongo hacer aquí la historia de esas negociaciones, que narro detenidamente en otra parte, de mis Memorias, sino tocarla en cuanto la personalidad del Poeta aparece en ella, suprimo todo comentario ajeno a ese objeto. (N. del A.)

Capítulo XII

Era en 1908

Darío, logró su intento; así me lo comunicó a París desde Managua;
vino;
su primera visita fue para mí;
tierno, efusivo, verdaderamente sincero, me decía a cada momento:
—Usted es el Ministro, ¿verdad que usted no me dejará solo?
entristeció ante mi negativa de volver a Madrid, ya que los asuntos de mis libros, muy descuidados, requerían insistentemente mi presencia en París;
la idea de timonear a Darío, en su Embajada, no me seducía;
dos recientes ensayos de ese género, me habían enseñado ya bastante;
además, liquidada la Cuestión de Límites, la misión de Darío, era puramente ornamental y decorativa, y —puesto a salvo el nombre del Poeta—, no debía ser sino un uniforme más, en las fiestas palatinas;
la misma tarde de su llegada, vino a buscarme en *auto*, para ir al Bosque;
ya en este, hicimos *pam*;
el chauffeur, no pudo reparar la avería;
fue preciso abandonar el vehículo, y, partir a pie;
estábamos lejos de todo sitio frecuentado, y, éramos ignorantes de la topografía del lugar;
anochecía;
el miedo de Darío, no tenía límites;
todas las historias de asesinatos, de apaches y de *pierreuses*, surgían en su imaginación, engrandecidas por el temor...

para calmarlo, yo, le hice creer que iba armado;
como sabía muchas leyendas sobre mí, tenía una alta idea de mi valor personal, y, eso lo apaciguó;
para colmo de males, la noche vino, y, nos extraviamos de veras;
yo, comprendí que debíamos estar cerca de algún sitio frecuentado, porque pasaban algunos coches;
hicimos señas a uno que iba vacío;
nos tomó;
le dimos la dirección del Restaurante de la «Cascade», donde íbamos a cenar;
el cochero sonrío...
un momento después, nos dejaba en el Restaurante.
—Lo hemos tomado en el patio de la casa —me decía Darío;
y, era verdad;
los días siguientes, los empleó el Poeta, en los preparativos de su viaje;
y, partió, en unión de Maximiliano, que empezaba a tomar ya aires cancillerescos y, hablaba en plural, como los obispos;
en Managua, partido el Poeta, se iniciaba una reacción contra su nombramiento, que había sido hecho bajo la presión de la admiración; sus enemigos se agitaban y, sus amigos llegaban a temer seriamente un fracaso;
don Crisanto, estaba inconsolable y, furioso;
quitarle la mitad de la librea, era quitarle la mitad de la Vida...
el medio cuerpo desnudo se le enfermó;
lo vi, un día que almorzaba yo, con Pérez-Triana, en Delmónico:
era la sombra de su sombra...
siempre protocolariamente amable, pero ya irremediablemente herido de muerte...

cuando la Revolución triunfante en Nicaragua, le quitó la otra mitad de su librea, acabó de morir...
esta desnudez lo mató;
la Vida sin librea, no era para él la Vida, era la Ignominia...
de Managua, venían telegramas urgiéndome para ir a Madrid.
Darío, me llamaba...
finalmente, una influencia amistosa, a la cual yo no podía negarme, decidió mi viaje...
llegué tarde...
Darío, estaba enfermo hacía días;
apenas si me reconoció...
sin embargo, con un gesto elegante y cortesano, me besó la mano, diciéndome...
—Usted, viene a salvarme...
y, volvió a caer en su somnolencia...
séame permitido correr un velo de Silencio, sobre estos días...
antes de ser recibido Darío, partí para Málaga, convencido de no poder evitar nada, y no poder hacer nada...
me envolví en el silencio de mis jardines en el «Limonar» y, mi amistad vigilante y, triste escuchó de lejos muchos rumores, que se mezclaban a los del mar vecino, y golpeaban furiosa, pero inútilmente, la roca inconmovible de la Gloria.

Capítulo XIII

Era en 1909

Había muerto el invierno;
la sutil primavera gloriosa, se iniciaba, en esos campos de bendición, bajo esos cielos victoriosos de luz, que son los campos y los cielos andaluces, cuando yo los dejé y reaparecí, en mi casa de la calle de Alcalá en Madrid, allá muy alto, donde la parte inconclusa de la ciudad se envuelve en un manto de Sol y de quietud, que es como una ternura, para los corazones solitarios que aman el Silencio...
Darío, había dejado ya su casa de la Legación, en la calle Serrano, y, se había refugiado en un pequeño piso, de la calle Claudio Coello, muy retirado, muy solo, en solitaria comunión consigo mismo...
el Gobierno, no pagaba sus sueldos;
vivía como siempre de sus correspondencias a *La Nación* de Buenos Aires.
vivía heroicamente, dignamente, seriamente, como convenía a su vida de Poeta, a su alto genio, armonioso y dulce, que si no amaba la Soledad Absoluta, porque era demasiado débil para ella, si amaba los largos y, prolongados besos del Silencio, que renuevan la energía, y, purifican del triste contacto con las miserias, morales y materiales de la Vida...
nos veíamos a menudo, hasta donde esta feroz pasión de soledad, que me domina, me permitía hacer excepción hacia el Poeta encantador, cuya pura simplicidad de alma, me era tan amada;
venía a verme con frecuencia;
y, una mañana, se presentó, turbado, pávido, como escapado a un gran peligro;

venía, —según él, —huyendo al hermano de su *mujer*, que quería matarlo;
parece que este campesino bárbaro, lo había amenazado con un puñal;
bien pronto se tranquilizó, al influjo de nuestras observaciones, porque él, tenía una gran fe, en Palacio Viso, que estaba allí, y le prometió arreglar el asunto;
ya serenado, estuvo alegre, decidor, expansivo a pesar de la taciturnidad, que le era habitual;
almorzó con nosotros;
tomamos el café en mi despacho, donde él, admiraba mucho la bella y selecta biblioteca, que yo había reunido, y, que su vida errante le había impedido formarse...
hablamos como siempre, de Arte y de Literatura;
hombres y libros, nos sirvieron de temas;
de súbito se levantó;
se acercó a un alto pupitre, que yo usaba para escribir de pie, por prescripción de los médicos contra la dispepsia, y, después de ensayar diversas plumas, empezó a escribir...
escribía, escribía, musitando, con un gesto casi musical;
por momentos, levantaba la cabeza, y, miraba al campo, que desde el balcón abierto se veía, extendiéndose en líneas nobles, hacia el candor del horizonte;
volvía a escribir...
cuando hubo terminado, vino sonriente hacia nosotros, y, nos leyó lo que había escrito: eran estos bellos versos que me dedicaba:

A Vargas Vila
en su librería

En su maravillosa vida, trabaja quieto.

El reloj da su hora en su tranquilidad.
Pasa un soplo de biblioteca. Ya es Bagdad
O lnsprunck, o bien algo que habla de Paracleto.
No sé si a veces, su verbo ágil al conceto.
En su enérgica forma pasa la humanidad.
En un exceso de pasión y de verdad.
Yo sé que le conozco, le mido y le interpreto.

Desconfía de lo que se apropincua al daño
De ese querer usual que cariño nos finge
Pues siendo bachiller, lo doctoró el engaño.

Así su amor no corta, ni su afecto restringe.
Sino cuando tritura muy cuerdamente al paño.
La ración de miserias con que ayuda a la Esfinge.[4]

ya en la tarde volvió a su casa acompañado de Palacio Viso, ante el cual, el campesino agresivo, negó haber querido agredir al Poeta;

este fue recibido con júbilo, por un grupo de amigos, que lo esperaban...

...

Vino el verano;

fue preciso partir, hacia las playas, y, hacia los campos.

Darío, partió a Asturias, con Palacio Viso;

yo, fui hacia Alama de Aragón, para hacer mi cura termal...

y, lo perdí de vista.

4 Estos versos fueron dados por mí al Poeta Villaespesa, para su Revista *Cervantes*, y publicados en el número correspondiente al mes de agosto de 1916. Conservo en mi poder el original, como el de aquella otra estrofa hecha en Roma. (N. del A.)

Capítulo XIV

Era en 1910-1911

No vi al Poeta:
yo, no salí de Italia;
y, él, no pudo ir a la Exposición de Roma, como tanto lo deseaba;
solo sus cartas me llegaron; sus bellas cartas amigas;
ellas fueron a buscarme a mi refugio romano, donde según él, yo era «prisionero del azul del cielo y el blanco de las estatuas».

Capítulo XV

Era en 1912

El invierno, era crudo en Roma;
las trescientas cúpulas de sus iglesias, se alzaban en un horizonte de desolación, no habitual a aquellos cielos, que si no sonríen perennemente, como los de Nápoles, si tienen gestos de una suave serenidad, para hacer casi tierna la pompa inmutable de su grandeza histórica;
huí de las tristezas de ese invierno, buscando el bello Sol mediterráneo, cuya extraña belleza, se alza como un lis de esperanza sobre las inclemencias de la Vida...
y, me refugié en Barcelona, aquel París a la orilla del mar, hecho para eclipsar los esplendores de Niza, y, emular la Belleza de las playas partenópeas;
pero, no me albergué en la ciudad tumultuosa y fastuosa, sino —como suelo hacerlo siempre—, que fascinado por la Circe mediterránea, llego a ella; —en sus alrededores, en aquel declive armonioso de montaña, que extiende del Tibidabo a Gracia, sus curvas florecidas de rosales;
allí, en una *Torre*[5] oculta, donde nadie llegó nunca a ultrajar los laureles de mi soledad, pasaba mis grandes horas serenas, mis horas solitarias, cuya belleza amo tanto, cuando me llegó una tarjeta del Poeta, anunciándome su próximo arribo a la Ciudad Condal;
no fui a recibirlo, porque lo sabía esperado por mucha gente, y, destinado a sufrir un flujo de homenajes;
había ya entrado en aquel período de exhibicionismo de Circo, que anunció su decadencia, y, fue tan fatal a su Gloria y, a su Vida;

5 Es el nombre que se da a las Villas o *Chalets*, en Cataluña. (N. del A.)

los empresarios, se habían apoderado ya de él, y, no lo soltarían;
la sombra de Barnum, seguiría la sombra del Poeta, hasta extrangularla;
hacía así, su primera gira, llevado por los empresarios de una Revista, que pensaban enriquecerse con la exhibición del Poeta;
fui a verlo;
lo encontré ya en ese grado de desaparecimiento físico, que fue acentuándose día por día...
más pálido, más delgado, más fantasmal, que nunca;
esa desmaterialización, centuplicaba el efluvio espiritual que se desprendía de él, como una atmósfera, y lo diadentaba en aureola...
el alma profunda del Poeta, parecía hacerse más visible, en este principio de consunción que era como la de un cirio, cansado de arder ante el altar de un dios, que valiera menos que él.
me recibió fraternal, como siempre, pero esta vez en el fondo de un triple cortejo;
apareció escoltado de su Empresario, un joven muy amable, que ya había publicado cosas mías en *Mundial*,
de su Secretario, un joven de mucho talento, que publicó algo sobre esta visita, en *Mundial*;
y, de su fotógrafo, que no debía ser muy admirable, según el retrato mío, que se publicó en *Mundial*;
el torbellino de la admiración, envolvió al Poeta, y, lo llevó lejos de mí...
banquetes, giras campestres, abrumadoras sesiones literarias, una lluvia de discursos y de versos, capaz de disgustar a cualquiera del sonido de la palabra humana y de toda expresión del Pensamiento en lengua rimada;

nadie hizo mejores versos que Darío, y, nadie los oyó más malos...

tal vez lo que aparecía en él, como negación del don de la Palabra, no era falta de dotes oratorias, sino horror a la oratoria, tanto así se había abusado en su presencia de todas las formas posibles del discurso;

lo que quedaba de Darío, escapó a aquella satiriasis lírica de la admiración, y, se embarcó para Buenos Aires, sin que yo volviera a verlo, porque el día que estuvo en busca mía, no me halló;

no supe nada del resultado de su gira, porque yo, no amo saber de mis amigos, sino sus triunfos...

el vencimiento de lo que yo admiro, me es tan doloroso como mi propio vencimiento...

y, me rebelo contra él, como contra toda profanación...

...

y, mis ojos y, mi corazón siguieron con angustia el vuelo del cisne suave y, doliente a través del Océano...

el Mar, es fatal a los cisnes...

ellos, no saben sino del vuelo lento, sobre el cristal del lago, que refleja su propia gracia, el misterio de sus ojos y, el inmutable candor de sus alas de alabastro...

¿qué harán ellos sobre las olas tormentosas y oscuras que responden con rugidos al interrogante grácil de sus cuellos, y, amenazan sepultar su divina belleza, en el Océano de la Nada Triunfal?

callar y morir...

y, ese divino cisne iba hacia el más cruel y, más tormentoso de todos los océanos...

hacia el Océano Multitud...

en él, se ahogaría su canto...

rotas las alas, volvería vencido.

Capítulo XVI

Era en 1913

El barnumismo insaciable no cesaba de explotar la gloria del Poeta...

con objeto de dar vida a varias empresas a las cuales él, daba su nombre, después de su regreso de América, se hacía el reclamo en forma de banquetes, a tanto el cubierto...

y, se le banqueteaba, a todas horas, en todas partes, con todos los motivos...

y, él, se dejaba llevar mansamente, de café en café, de restaurante en restaurante, de mesa en mesa, como resignado a morir en manos de sus exhibidores sobre los manteles de un banquete, rodeado de camareros y coronado de *menus*;

estos banquetes por suscripción y, a precios económicos, satisfacían a más del apetito, la vanidad de la cáfila ultraoceánica, de aquellos que se llamaban sus discípulos, los cuales, por el modesto precio de cinco francos, hallaban la ocasión de poder contar en periódicos de sus terruños, que habían comido con el Poeta, y, casi todos añadían a eso, la crueldad de dispararle, sin provocación ninguna, de su parte un brindis en prosa o verso —casi siempre era esta última el arma elegida— que hacía enrojecer de vergüenza las cercanas aguas del Sena, y, hacían reventarse las bombillas del alumbrado, como una protesta de la electricidad contra la innoble maculación de la palabra...

los verdaderos amigos de Darío, admiradores y cultores de su Gloria, permanecíamos, con muy raras excepciones, lejos de ese movimiento de empresarios, que tomaban el nombre del Aeda, como una marca comercial, para literatura de Exportación;

y, hacían en torno de ella, el reclamo;
en medio de la abulía soñadora, que parecía haberse apoderado del Poeta, él, comprendía el innoble tráfico de su nombre, que se ocultaba tras esta falsa admiración, pero, no tenía la fuerza de sustraerse a él... además, era pobre, vivía de esos periódicos, y, de esas cosas...
¿qué hacer?
dejar hacer...
así me lo decía él, muy triste, una tarde que habiendo logrado libertarse de su escolta, vagábamos por los jardines del Luxemburgo, atravesándolos para ir a comer, a un restaurante muy apartado y muy quieto, sito en el boulevard Montparnasse;
allí me reveló todas las miserias, todas las explotaciones, de las cuales lo habían hecho, y lo hacían víctima...
no seré yo, quien levante el velo de esas intimidades, dichas a mi oído, y a mi corazón...
rememoramos lejanas épocas, especialmente una, en que él, había vivido, en la rue d'Odessa, que nos estaba tan cercana, y, en ese mismo boulevard, que la noche acariciaba con una caricia azul...
son tristes, esas recordaciones, que los cirios del Pasado, no alcanzan a alumbrar y, llenan de un triste olor de cenizas...
¿quién será capaz de consolar el alma inconsolable de un Poeta?
vagamos después largo rato, bajo las notas de oro de las estrellas, y los salmos errabundos del Silencio...
y, nos separamos en la *Avenue del Observatoire*;
él, descendió hacia el *Boulevard Saint Michel*; el abismo lo atraía...
yo, entré en la silenciosa *rue d'Assas*, y, me interné en ella, camino de mi soledad...

...

Pocos días después, ocurrió un incidente lleno de comicidad...

se dio un banquete a Darío, para coronarlo: *Príncipe de los Poetas*;

él, lo era desde hacía tiempo, por veredicto inapelable, pero acudió a aquella refrendación de su título, hecha por una cámara de anfitriones;

en el calor de la fiesta, llegó a oídos del Príncipe, un rumor que circulaba entre sus electores;

se decía, que a esa misma hora, en un Restaurante de la ribera izquierda, Blanco Fombona, Corredor-La Torre, y, yo, dábamos otro banquete, para coronar en él, a otro *Príncipe de los Poetas*...

muchos de los electores de Darío, que ardían en deseos de que la fiesta se acabara, para ir a presentar sus homenajes al nuevo Soberano, apenas concluida esta, se dirigieron al lugar de la otra coronación, pero, con gran tristeza suya, vieron que no había ni sala del banquete, ni Poeta coronado, ni anfitriones proclamadores de un Nuevo Reinado Poético...

y, este incidente de un bufonismo inocuo, no tuvo *suite*...

***

Finaba el año;

un otoño ocre y, azul, de un azul verdoso de aguas, moría también, entre la sangre virgen de los viñedos desfallecientes, haciendo de los campos de Gracia y Bonanova, uno como relicario de oro macizo, incrustrado de piedras multicolores...

una mañana radiosa, apareció bajo el emparrado de mi patio, la figura triste y meditativa del poeta...

venía de Mallorca...

la prodigiosa belleza de la Isla, había deslumbrado por igual, sus ojos, y, su corazón...
y, parecía traer aún en sus pupilas, el deslumbramiento de esas visiones, y, eran como una quieta mar en la cual se reflejaran con los parajes de las montañas, los esplendores del cielo...
¿qué había ido a buscar el Poeta, a la Isla Maravillosa?
la Paz espiritual...
la Paz, que no reside nunca, en el alma atormentada de los poetas;
entre las voces del mar, que le traían fulgores y, rumores orientales, había oído las voces de las diez campanas de la Basílica, llamando su alma a la plegaria, entre el candor de la tarde, y la égloga del valle adormecido...
y, había ido hacia la Cartuja...
los grandes y austeros silencios del Monasterio, lo atraían, como a Huyssman;
y, entró en ellos...
Darío, tenía el alma mística;
el Amor y, el horror del Misterio lo poseían...
y, fascinado por él, entró en la calma abacial, de los claustros solitarios, que prolongaban enormemente la blancura de sus mármoles, sobre el moaré de las sombras;
y, me confesaba, que había sentido el deseo vehemente de ser monje...
abismarse en la Meditación y, en la Contemplación;
apoyar las alas de su Musa, en esos dos polos inmóviles de la Poesía, que son como dos fuentes ascencionales de la Inspiración;
y, me mostraba sonriendo una fotografía que había hecho vestido con el *froc* de los frailes insulares...

los monjes, recibieron la visita del Cisne, que cruzó el lago de su quietud sin perturbarlo;

y, lo vieron partir, indiferentes, sin aprender ni repetir una siquiera de sus sagradas melodías...

¿vieron en el alma romántica del poeta, algo del alma también romántica y tormentosa, de aquel terrible rebelde que fue fray Anselmo de Turmeda, cuya sombra penitente vaga aún en la penumbra de sus claustros solitarios?

¿vieron en los dedos rojos del palmípedo, asomar la curva negra, de las garras de las águilas?...

el cisne voló de las torres del Monasterio, hacia el valle apaciguado y, sonriente, y, detuvo el vuelo en el lago de oro de sus ensueños, y, bogó en él, viendo ante el hieratismo de sus alas desplegadas, cerrarse lentamente, los ojos oscurecidos de las estrellas...

y, regresaba de la Isla;

y, estaba allí, bajo mi parra aún opulenta, yantando de mis ágapes familiares, gustando el vino, blondo como una dilusión de mieles, entre los muros de mi jardín, lleno de paz, sobre los cuales, el Silencio se inclinaba para escucharnos...

Capítulo XVII

Era en 1914

Darío, vivía muy retirado, muy lejos, por allá en una calle limítrofe, con el *Bois*, en un bello apartamento que sus empresarios habían amueblado para él.

Los que se empeñan en pintar a Darío, como un bohemio incorregible, y vulgar, no lo han conocido o lo calumnian a sabiendas.

Darío, amaba el lujo, el confort, la elegancia, el buen vivir, el buen vestir, todas las formas de la exquisita distinción...

vivía bien, vestía bien, amaba tener su casa lujosa y su mesa bien provista;

justamente, en esos días, me invitó a comer;

cuando llegué, esperaba ansioso, tras de los cristales de la ventana, porque él mismo había preparado uno de los platos que debían servirse.

como siempre que me sentaba a su mesa, no había más invitado que yo;

pero, ese día, comía con nosotros, su hijo, el de su primer matrimonio, mozo garrido y correcto, que se le parecía extrañamente;

me lo presentó...

el mozo era serio, parecía inteligente, y, tenía las maneras cultas del que ha sido educado en buen solar; y, el suyo, era el de una antigua familia centro americana, gente de banca y sociedad, adinerada y culta;

no había visto casi nunca a su padre, y, no había sido educado en el culto de ese nombre, ya glorioso...

se trataban con una indiferencia formularia, y, cuando al partir el mozo, se besaron, aquel beso era tan frío, que parecía congelar la atmósfera.

—Es muy distinto a mí —me dijo Darío—. No nos entendemos;...

de la escuela entró, momentos después, un minúsculo *garçon*, cargado de libros, que brincó sobre las rodillas del Poeta, para besarlo;

tenía los bucles largos, los ojos negros, la palidez cerosa, y, a pesar de su corta edad, algo de la tristeza de Darío, en su faz de arcángel;

era el hijo último del Poeta, a quién él, llamaba cariñosamente: *Güicho*...

a la hora del café, tocaron a la puerta;

hubo carreras, cuchicheos, alarmas, después una atmósfera de respeto, como cuando llega el cura a casa de campesinos supersticiosos;

era que llegaba un señor, que Darío me presentó, y, cuyo nombre, si mal no recuerdo, era Piquet o Picard, el cual ejercía las funciones de representante de *La Nación* de Buenos Aires, en París, y era por ende, dispensador de beneficios de esa diario, y jefe de su legión de cronistas en Francia, y, según me pareció comprender, había ejercido de escritor, en sus lejanas mocedades.

Darío, tenía por *La Nación* un cariño y, un respeto supersticiosos, que habrían aparecido como serviles, si la gratitud no los hubiera disculpado;

residía entonces, ocasionalmente en París, y, dirigía una Revista Pecuaria, Comercial y Literaria, Leopoldo Lugones, poeta rioplatense a quien Darío, tenía en una gran estima, y del cual constantemente me hablaba, siempre con el deseo de presentármelo;

no llegó la ocasión.

Darío, venía a comer a veces conmigo, al Hotel;

amaba el espectáculo de los comedores radiosos, las mujeres en gran toilette, las mesas florecidas, todo ese tumulto elegante, de las horas de las comidas en los Hoteles;

eso encantaba sus ojos de Poeta, enamorados de las bellas decoraciones, como de los bellos paisajes y de los bellos rostros femeninos, que son de por sí, los más bellos paisajes de almas que puede ofrecernos la Naturaleza;

y, sucedió, que la primera noche que comió conmigo, había en dos mesas distintas, dos opulentas familias, argentina la una, y, la otra peruana, compuestas casi exclusivamente, de damas, bellas y elegantes, casi todas ellas, en el esplendor de una divina juventud;

sabedoras, por un joven que nos había oído conversar en el salón, momentos antes, de que aquel que me acompañaba a la mesa, era el Gran Poeta, volvieron todas hacia él, sus bellos ojos admirativos, hechos tiernos...

se lo hice notar, y, sonrío, con esa sonrisa exclusivamente suya, tan suave, tan triste, que era como un rayo de pena entre sus labios sensuales;

bien pronto, las blancas manos femeniles, se agitaron en las mesas distantes;

desaparecieron de los floreros las rosas pensativas, y los geranios pálidos;

hubo cuchicheos, y sonrisas, y, traídas por dos camareros, en sendos ramos, las flores triunfales, primorosamente atadas, fueron ofrecidas al Poeta;

homenaje de la Belleza al Genio Darío, conmovido, se pudo en pie, apretó las flores contra su corazón, y, se inclinó en un gesto de gratitud reverente, hacia las mesas lejanas...

el público supo así, que el más grande Poeta de lengua hispana, estaba entre nosotros...
y, aplaudió el homenaje...
...
Llegó por aquel entonces, a París, un antiguo escritor y, diplomático americano, al cual, relaciones de familia, me imponían el deber de prodigar atenciones que a otros, no prodigo...
era el provecto diplomático, rico en dineros y, en conocimientos literarios, aunque estos últimos, de un lastimoso arcaísmo;
hombre de mundo y de cultura, había conocido y tratado grandes escritores de otras épocas, pero, ahora, ansiaba conocer a los *nuevos*, como nos llamaba él, a los que habíamos aparecido en las postreras décadas del siglo último;
yo, conocía bien pocos de estos, y, menos aún, que mereciesen el honor de una presentación, como exponentes significativos de un movimiento artístico o literario;
así pues, buscamos a Bonafoux, quien por residir fuera de París, concurre diariamente a un café, en los alrededores de la *gare Saint Nazzaire*;
el admirable panfletario, en el cual la violencia es una máscara que oculta el alma más noble y, más tierna, y, cuyas pasiones no son sino el grito de la Justicia, que es su diosa, a la cual ha consagrado sus ardores de apóstol, sacrificándole heroica y desinteresadamente su vida, fue para con mi presentado, de una amabilidad exquisita, aunque sus ojos vivaces y penetrantes, eran, a veces, turbados por resplandores de malicia, y su sonrisa se hacía burlona, ante la dialéctica retrospectiva y las lejanas añoranzas, de aquel que había visto los últimos días de Hugo, y, repetía con énfasis, los apóstrofes tronitantes de Gambetta;

a Gómez-Carrillo, lo hallamos en el Café Napolitaine;
hacía doce años que yo, no lo veía, a pesar de residir ambos en París;
no era ya el a puesto mancebo de otros tiempos;
una gran tristeza había en sus ojos soñadores, y, se extendían sobre su rostro, como un velo;
fue muy amable;
rememoramos nombres y tiempos pósteros, y estuvo exquisito de atención para con el admirador que yo le presentaba;
en suma, encantador, como correspondía a aquel que ha absorbido y, refleja tan completamente: el Alma Encantadora de París;[6]
fuimos a ver a Darío...
caímos en un mal día...
el cielo y, el Poeta, eran opacos;
había mucha bruma en los horizontes...
sin embargo, el Poeta, con un esfuerzo heroico sobre sí mismo, fue admirable de corrección, grave y cordial...
monosilábico y, taciturno, habló muy poco, en diálogos rápidos y, circunstanciales;
en cambio, oyó con atención exquisita, versos de Núñez de Arce, y anécdotas sobre Valera, que mi presentado, recitaba con fervor, y, relataba, con elegante gracia cortesana;
lo rodeaba una nueva guardia de reclutas de la admiración, no muy numerosa, pero, si muy pintoresca, una colección de rostros y de calcetines de todos los colores;
esa guardia admirativa y, muda, hacía eco a los silencios del Poeta;

6 A Blanco Fombona, no lo hallamos en casa suya, el día que a verlo estuvimos, y, a F. García Calderón lo conocía mi patrocinado, por concomitancias de la Diplomacia, a la cual ambos pertenecían. (N. del A.)

éste, seguro de sernos agradable, ordenó que se leyeran capítulos de su novela inédita: *El Oro de Mallorca*;
vi, con asombro, que la figura imperial y capuchinesca de Maximiliano, no aparecía por esos contornos, y fue un analecto desconocido para mí, quien leyó, con voz avinada, de chantre somnoliento, capítulos de la novela admirable;
el oro del Poeta, se hacía un cobre fétido, saliendo por aquellos labios;
abrevié la penosa escena, para libertar la divina prosa, de aquella profanación.
Darío, ceremonioso, nos acompañó hasta la puerta...
ya en la calle, mi acompañante, me dijo su extrañeza, por lo poco comunicativo del Poeta...
¿no sabía él, que la Naturaleza que dio la palabra a los loros, la negó a los cisnes?...
a estos, no les dejó sino el canto, un canto de crepúsculo, para resonar en el corazón de la Muerte, y, cantar en su agonía, todos los pesares de la Tierra, miserablemente engañada por el cielo;
la mudez de Darío, no desarmó la admiración del culto diplomático, quien resolvió ofrecer en su casa, una comida, al reducido grupo de escritores, que yo le había presentado;
la comida tuvo lugar, y fue servida, en el opulento apartamento, que aquel ocupaba, y hubo en ella el lujo discreto, y la elegancia señoril, de quien el hábito tiene de sentarse a mesas reales, y, congregar en la suya, a espíritus de valía;
y, a ésta, nos sentamos con él, en esa noche, el eminente escritor y diplomático Francisco García Calderón, Gómez-Carrillo y, yo.
Bonafoux se había excusado con anticipación.

Darío, lo hizo a última hora, o alguien lo hizo por él, tan torpemente, que dejó en descubierto la figura dolorosa del Poeta;
su excusa, se recibió al sentarnos a la mesa...
se hizo un gran silencio en torno de ella...
supresión absoluta de comentarios;
los que estábamos allí, amábamos demasiado al Gran Poeta, para hacerlos...
cubrimos su puesto vacío, con el velo del Silencio, y, el Poeta ausente nos acompañó en espíritu;
terminada la comida, hubo lectura de versos de nuestro anfitrión...
un rudo soplo del pasado, nos dio en el rostro...
la vieja Musa romántica, volaba sobre nosotros, y, de sus alas invisibles, parecía caer, una lenta lluvia de cenizas...
nos retiramos encantados, creyendo encontrar en el camino, la sombra de Balzac o de Musset, cuya época, acabábamos de vivir unos minutos...
y, creo que evocamos cariñosamente, el fantasma del Conde de Cahors, y, la sombra de Barvey d'Aurevilly, con sus añejas y fastuosas elegancias...
mis compañeros encontraron encantadoras las maneras, y, la literatura de nuestro amable anfitrión;
mais un peu surannes. Et meme trap —añadí yo...
...

***

Por ese don de intuición, que le es peculiar al Genio, Darío, parecía prever la catástrofe que iba a venir sobre Francia, y, sobre el mundo, y, una sorda agitación se apoderó de él, un deseo vehemente y, desesperado de partir, de abandonar a París, que había amado tanto...

era una desesperación, que tenía de la adivinación...
se diría que el divino Aeda, veía avanzar en lontananza, el tropel oscuro de los bárbaros...
desde que me había visitado la última vez en Barcelona, lo obsesionaba la idea de tener, en los alrededores de aquella ciudad, una torre, como la que habitaba yo, florecida, entre el mar y la montaña;
como hablábamos constantemente de eso, la obsesión, llegó a hacerse dolorosa en el Poeta...
y, resolvió partir;
me pidió presupuestos, que yo, no pude darle, por ser en eso tan ignorante como él, y, tal vez de una mayor inexperiencia; pero, ambos pensamos en Palacio Viso, que residía entonces allí; espíritu amplio y fuerte, conocedor de la Vida, y, habituado a dominarla.
Darío, tenía un gran cariño por él, y una gran confianza en sus talentos, y, energías, y le escribió;
yo, le escribí también...
y, Darío, partió...
en la Ciudad Condal, fue recibido y, agasajado como siempre...
pero iba ya herido de muerte...
Palacio Viso, le buscó una torre amueblada, en la Calle Tiziano, y lo instaló allí, bajo el Sol radioso, a la sombra apaciguante de los árboles, cerca a las flores, que él amaba tanto, y, desde la cual, se veía en el horizonte lejano, el amplio mar sonoro, musitando su cántico de siglos...
como moscas pútridas, sobre el cuerpo indefenso de un cisne agonizante, todo lo abyecto, lo infecto, lo sospechoso, que el oleaje de las guerras americanas, había arrojado sobre la bella playa catalana, cayó sobre el Poeta, lo cubrió, lo ahogó, lo devoró...

la orgía explotadora rompió todos los diques de la Impudicia...

Palacio Viso, se retiró el primero, lamentando no poder salvar la dignidad del poeta que admiraba;
antes de morir el Poeta, hacía ya, llevar el duelo de su Gloria, a aquellos que más la amaban;
y, cuando la guerra estalló, y yo, llegué a Barcelona, no me tocó sino presenciar la *debacle* vergonzosa...
los cuervos devoraban al cisne...
ya, no era Darío, era el cadáver de Darío, lo que se disputaban...
Maximiliano, venía consternado y, casi lloroso a contarme las peripecias de aquella lenta agonía...
con el designio de salvarlo, reintegrándolo a la Patria y a los suyos el orador nicaragüense Alejandro Bermúdez, concibió el proyecto de llevarse, esa sombra del que había sido Darío, a una serie de conferencias a América...
Maximiliano escribió a nombre de Darío, cartas solicitando los pasajes, para él, un Secretario y un criado...
para mendigar eso, se evocó su gloria de Poeta, y, su condición de diplomático desamparado...
Se obtuvieron los pasajes solicitados...
y, el Poeta, ya inconsciente y, enfermo, fue embarcado...
Maximiliano, vino a contármelo desolado...
él, había quedado en tierra...
el Poeta había partido, sin su Imperial Servidor;
y, este se sentía más triste, que si hubiera perdido de nuevo, su trono mexicano;
este destronamiento, le era infinitamente más doloroso...

en su angustia, le parecía, *haber sido fusilado por segunda vez*, en el «Cerro de las Campanas»...[7]

7 Estas palabras fumbonas adquieren hoy, una bien grave y triste significación. *Maximiliano*, acaba de ser condenado a muerte, y probablemente ya ejecutado en París, por el supuesto delito de espionaje, ¡Pobre *Maximiliano*!... Sobrevivió bien poco a su Poeta. El verdadero nombre de *Maximiliano*, era: Julio Sedano. (N. del A.)

Capítulo XVIII

Era en 1915

Me llegaron después ecos de la odisea dolorosa...
el Poeta asesinado, no acababa de morir...
¡cómo los cisnes tienen dura la Vida!...
el glorioso cisne, iba arrastrado hacia su fin fatal...
hacia la Muerte...
la Muerte...
ese Ocaso sin entrañas, que devora todos los soles...
la Muerte, que es también un Sol;
el Sol de los Vencidos...

Capítulo XIX

Era en 1916

Hoy sé la muerte de Rubén Darío...
a esta noticia, pasan ante mí, las dos únicas cosas verdaderamente augustas de la Vida: el Genio y, la Muerte...
no es posible decir la muerte del Genio, porque el Genio, es Inmortal;
¡pobre poeta hermano que se va!
no ha muerto... ha acabado de morir...
últimamente, era ya un muerto, que llevaba sobre sus hombros el cadáver de su Genio...
fue por el mundo, ebrio de ensueños, y, ebrio de azul; sitibundo del beso de las estrellas...
cazador de astros y, de ritmos, su Vida, fue como *una música* lenta, de esas que dijo su bello decir.
Edgard Poe, Musset, Baudelaire, Verlaine, Quincey, Wilde, Swinburne; todos los Poetas del Dolor, fueron sus hermanos, pero él, los superó, porque fue más rico que ellos, en la fuente de la Inspiración, y, en la fuente de las lágrimas...
él, conoció el Alma del Dolor, cuando los otros, no llegaron a conocer, sino el Dolor del Alma;
las letras castellanos, no tienen, ni rememoran, otro Poeta de su talla;
él, fue, el ÚNICO: no tuvo antecesores, ni tendrá sucesores...
colocado en la confluencia de dos siglos, los domina a ambos...
fuera de toda Tradición, fuera de toda Escuela;
en un aislamiento sagrado, de Cima Solitaria...
los ríos de la Armonía, bajan de esa Cima, hacia el desierto de las almas...

generaciones de Artistas y de Soñadores, apagaron y, apagarán su sed de Belleza, en esas fuentes...
nadie remontará hasta la Cima;
nadie...
los lagos en que bogó el divino cisne: están en la nieve cándida, sobre la altura inaccesible, vecina al alto cielo, y solo las nubes lo vieron erguir el cuello lírico, y, lo oyeron desgranar las notas de su canto sobre el azul límpido, que nenúfares boreales ornaban en un gesto de muda adoración;
las notas de ese canto, han llegado hasta nosotros, como la descongelación de algo muy alto y, muy remoto, diluido en ondas de armonía...
el oro fundido de una estrella, y, las lágrimas de un dios, hechos música.
Darío, fue el alma inocente y, sinfónica, que amó los cisnes, por que encontró en ellos, el Símbolo de su alba candidez...
un perfume de niñez perpetua, impregna la Obra del Poeta, sobre la cual, brilla el candor de una mañana homérica, que no se extingue jamás sobre los cielos serenos.
Darío, fue siempre el Poeta niño, que él mismo nos pinta en sus reminiscencias, despertando a la orilla de los lagos, con una flauta pánida en las manos;
murió fronterizo a los cincuenta años, con el alma impúber de un catecúmeno cristiano, que bordara sus sueños, en las hojas trenzadas de una palma pascual;
no se maduró nunca;
no llegó a ser jamás, eso que se llama un Hombre, en el sentido doloroso y brutal de la palabra...
hubiera vivido siglos, y, habría muerto el mismo niño radioso y triste, que todos conocimos;
la Vida, lo hirió y, no lo manchó...

su alma tenía la oleosidad de las alas de sus cisnes amados, sobre los cuales el lodo resbala y, no se adhiere...
se durmió en el fango, y, permaneció impoluto, blanco, como un ánade salvaje;
nunca una alma más pura, se albergó en un cuerpo más pecador, sin mancillarse;
era, como un rayo de estrella, reflejado en el fondo de un pantano;
la luz permanece pura, nada puede contra ella, el verdoso temblor del fango infecto...
la Vida, lo entristeció, no lo envileció;
no pudiendo mancillado, se conformó con hacerlo llorar...
como a todos los Poetas;...
¿qué es un Poeta, sino una copa de lágrimas, en la cual se refleja el corazón del Sol?...
ningún dios ha muerto sin llorar...
como los hombres...

Capítulo XX

Si como dice Pierre Louys, «la Poesía es una flor de Oriente, que no vive en nuestros invernaderos, y, es necesario ir a buscarla a las fuentes del Sol», es preciso confesar, que Darío, nació trayendo entre sus manos, esa rosa de fuego;
él, venía de Oriente, aunque su cuna se meciese, en una aldea occidental, a las riberas de un lago, que retrata en su quietud, los palmares tropicales.
Poeta porfirogénito y sacerdotal, sus pórfiros y, los ritos de sus liturgias son orientales...
vienen de Asia;
no de la India misteriosa, que sintió correr en sus entrañas el río taciturno del *Ramayana*, sino del Oriente claro y límpido, que Siva Kamaru, pastelizó tan suavemente, en sus estrofas de gracia y de candor;
no hay en la Poesía de Darío, la opulencia de una selva asiática, sino la belleza de un jardín nipón;
sus árboles, no son las encinas milenarias, que vieron el rostro de los dioses, y, a cuya sombra se abren las mandrágoras fatales, sino los arbustos adolescentes y rectilíneos, a cuya escasa sombra, desfloran los crisantemos, parejas de enamorados, con ojos en forma de almendra, y, una palidez enfermiza de camelias...
allí, no rugen los leones, ni saltan las panteras; el furor está ausente, de esos parajes plácidos, a donde solo cantan los ruiseñores y arrullan las palomas; solo el Amor impera en ellas...
allí, no vuelan águilas sobre mares en cólera, solo se ven abrir las alas suaves de los cisnes, sobre los lagos en calma...

no hay volotear de cóndores, cerca a los volcanes rugientes, sino un rumorear de abejas de oro, en torno a los rosales dormidos...

el orientalismo de Darío, no es el indualismo brumoso y enorme de Leconte de Lisle, donde lo mayestático, toma proporciones desmesuradas;

no es tampoco el orientalismo visual y trashumante, con olores de geisha, que el exotismo encantador de Pierre Lotti, nos da en sus páginas deliciosas, dulcemente sensuales, como escritas por el capricho de una bayadera sentimental;

el de Darío, es un orientalismo, Extremo-Oriente, y, Sol Levante;

orientalismo de jardines diminutos, de flora sin perfumes, de fauna sin grandeza, todo artístico, todo bello, todo inánime y pictural;

un niponismo, inimitable, y, frágil, lleno de vuelos de libélulas, sobre princesas dormidas, que tienen la elegancia lánguida de un iris, y, el misterio lagunar de un lotus;

preciosismo voluptuoso y tierno, en el cual solloza el alma del Poeta, como el sonido de una flauta gemebunda, sobre un jardín en otoño, a la hora crepuscular...

él, introdujo en la literatura, ese impresionismo japonés *mievre* y, pueril, que si en él, fue admirable, por serie personal, innato y constitutivo, fue fatal, al degenerar en sus imitadores, pues nos dio esas generaciones de versificadores endebles, paisajistas de biombo y de abanico, grabadores en lacas de Corea, preciosistas de *etagere*, bibelotistas malgachos, sin fuerzas y sin vuelo, con alas de pájaros-moscas, cuya cima más alta llegó a ser la copa de un rosal, y, que prisioneros de la miel con que pintaban sus acuarelas, no lograron alzarse nunca hasta las ramas apolíneas del laurel;

a pesar de sus imitadores, Darío fue: Inimitable;

el Talento, se imita; el Genio, no...
el sueño oriental de Darío, su asiatismo contemplativo, su panteísmo vestido de liturgia católica, su olimpismo cristiano, que cubría al triste Galileo, con la túnica de Apolo, y, le ponía alas en los pies, como a Mercurio, superó en belleza musical y didáctica, a los mejores poemistas, sin llegar sin embargo, por el Pensamiento y la Emoción, a la grandeza arquitectónica de los grandes factores de poemas;
la distintiva de la Musa de Darío, era la Gracia, no era la Fuerza;
una gracia helénica y, malabar, que tenía perfecciones de diosa, y, lineamientos clásicos de Sacerdotisa en una danza sagrada;
musa hindúa, cubierta de amuletos, oficiando en aras griegas, no dejaba de hacer grandes genuflexiones hacia el Occidente, pensando en la selva oscura donde dormían sus dioses primitivos;
los olivos y los laureles de Grecia, eran demasiado pequeños para ocultarle la visión grandiosa, de sus oscuros bosques tropicales;
a pesar de todos sus refinamientos, la Musa de Darío, permaneció bárbara...
esa, fue su única fuerza...
tal vez, su sola fuerza...
el divino bárbaro, extraía las mariposas de sus estrofas, a las urnas volcadas de la antigüedad, y, las libélulas empurpuradas volaban hacia Occidente, y batían sus alas en la opulencia de los bosques folescentes, donde salmodia el alma de las viejas razas indias, bajo el palio azul de las campánulas silvestres;
por eso sus versos, eran un milagro de arte exótico, y de condensación pictural, acuarelas miliunochescas, donde el

claror rosa y, perla de los cielos [tticos, se mezcla al topacio oscuro y, el bermellón encendido de los cielos de Occidente; aquel Aeda indio, que había hablado con los dioses del Olimpo, y, se había sentado a los banquetes de Platón, era un cincelador cellinesco y prodigioso, que cincelaba en la pompa episcopal de sus amatistas, camafeos admirables, donde las constelaciones se plegaban bajo sus dedos, como serpientes de luz, para trazar jeroglíficos y horóscopos, ante los ojos meditativos de los oráculos;

no había en el cincel de aquel aurífice, fuerza para la creación de una estatua, pero, sus admirables miniaturas, recuerdan aquellas diminutas figuras de dioses, que talladas en un marfil, pálido, cuasi cristalino, ofrecen las manos delgadas y, amarillas de los bonzos, en el silencio de las pagodas búdicas;

la Musa de Darío, no era una águila;

era un cisne;

ya lo he dicho;

su vuelo, lento y, grave, no abarcó la curva de las montañas;

fue un vuelo rítmico y suave, de un lago a otro lago, por sobre las flores abiertas de un rosal; uno de esos rosales eucarísticos, a cuya sombra se dormía el lago nocturnal de sus quimeras;

su Musa, era palmípeda, y bogaba, más que volaba sobre el lago pensativo;

perdía toda gracia, fuera del espejo lacustre donde se reflejaban sus alas simbólicas, y su cuello nítido, semejando un interrogante de ámbar incrustado en un zafiro;

este divino cisne, no dejó hijos de su Genio, pero, bajo sus alas, se incubaron ánades bastardos y, gansos líricos, que pusieron pavor, en las cimas del Parnaso, por sus graznidos espantables;

ya se hundió en el Misterio Inexorable, la silueta del cisne pensativo; y, el candor de sus alas hizo blancas las negruras del lago estremecido;
tuvo en la sombra un séquito de estrellas enredadas al remo de Aqueronte;
sobre las riberas lúgubres, los cipreses de la Inmortalidad, se inclinaron en una reverencia de siglos;
y, los mirtos de la Gloria, florecieron en una floración de Eternidad.

Capítulo XXI

¿Cuál fue la influencia de Darío, en la Poesía Castellana, de estos dos siglos —fenecido el uno, y naciente el otro— en que le tocó vivir?
¿fue un Innovador?
¿fue un Destructor?
¿fue un revolucionario este Lutero de la Rima, que se alzó en rebelión contra los dogmas de la Métrica, y los rompió sobre la cabeza polvorienta de los dioses?
tal vez no fue sino ese algo tan raro, tan luminoso, tan trascendental y, tan fuerte, que se llama: un Hombre Libre;
¿cómo ese Hombre, todo pasividad y, todo miedo, cargado con todas las esclavitudes, de rodillas ante ellas, sufriéndolas y cantándolas todas, desde la de Dios, hasta la de los tiranos tropicales, pudo combatir por la Libertad, sin otras armas que una lira, antibélica en la mano?... por un esfuerzo de Individualismo;
de autoctonía del Genio;
el Genio, es Personal;
no hay Genio Colectivo;
ninguna Escuela, ha producido un Genio;
y, ningún Hombre de Genio, ha pertenecido a una Escuela;
el Genio, es un inmenso *Yo*;
aislado y, solitario;
así fue Darío...
cuando él dijo: «Mi Poesía, es mía, y está en mí»; dijo una gran verdad;
le faltó audacia, o comprensión o clarividencia, para decir:
Mi Poesía soy Yo...
y, eso fue él;

una Poética;
personal: Única;
ya lo dije en otra ocasión, hablando del movimiento literario iniciado por Darío[8] ese no fue un movimiento poético, sino un movimiento retórico;
no giró sobre la esencia del Verso, sino sobre la *forma* del Verso;
fue una revolución, contra la Métrica, no contra la Poética.
Darío, no innovó sino en la factura de las estrofas, no en el alma de ellas;
resucitó viejos ritmos, e introdujo ritmos nuevos;
él, desenterró la espada lírica de Garcilaso, y, la unió al bastón de peregrino de Rimbaud;
hizo cantar a Santa Teresa, acompañada por el violín perverso de Verlaine;
hizo danzar el solideo de Góngora, en las manos profanas de Mallarmé;
embriagó a San Juan de La Cruz, con el ajenjo de Baudelaire;
aprisionó las rimas de Banville, en la red arcaica de Jorge Manrique;
e hizo de todo eso, esa Poesía *mignon* rutilante y racinesca, preciosa y exquisita, que fue su Poesía;
de todos esos afluentes, tan bellos y tan raros, venidos de tan diversas zonas de la Métrica, hizo el río terso y luminoso, sin cataratas y, sin profundidades, que fue su Versificación;
la Belleza, no la Grandeza, es la característica de la Obra de Darío;
obra anti-ideológica, y de pura figuración verbal; lo que hay de admirable en ella, está en el *cuerpo* del Verso, más que en el *alma* del Verso mismo;
toda su belleza, está en la música y la forma;

8 *Revista de América*. Número XXVI. París, julio, 1914. (N. del A.)

tal es la perfección, la armonía, el encanto alado, y la euritmia de líneas de esos vasos de selección, tan primorosamente labrados, que son sus versos;
mágico hacedor de ánforas, no es rico en esencias, pero una sola gota de la que posee, puesta en el envase luminoso, basta para perfumar el ambiente viciado de los siglos.
Darío, no es un lírico.
Darío, es un sinfónico;
para lírico, le falta vuelo;
para romántico, le falta emoción;
como sinfónico, supera en armonías;
su música, es música de cámara y, de égloga;
su flauta, es una flauta de zagal, hermana de los valles, de las fuentes y, de los crepúsculos;
no hay envergadura bastante en el velamen de su barca, para cruzar los mares emocionantes del lirismo;
apenas si la quilla de su esquife puede romper las olas límpidas, del lago de sus sueños, lejos de todo escollo, fuera de toda tempestad;
el fuego, el esplendor de los líricos poderosos, no reinan en aquellas rimas sabias, donde el ala en furor de los huracanes, no trepida nunca, y, apenas el vuelo de las palomas, hace oleajes de paz, bajo los cielos serenos;
aún en la marcialidad, rarísima y, puramente didáctica, de ciertas estrofas, como las de la «Marcha Triunfal», hay tal carencia de vuelo heroico, que los paladines, tienen la talla de gnomos bélicos, y, las águilas, que vuelan sobre los estandartes, semejan abejas de oro, escapadas a las colmenas de Virgilio;
hasta el Olimpo, toma proporciones miniaturescas, en las manos de aquel divino orfebre, crecido mentalmente, en los

jardines de la Hélade, cerca del radioso candor de los mármoles desnudos;
no es el alma del Bramante, sino la de Benvenuto, la que reside en aquel artífice supremo, capaz de grabar sobre una malaquita virgen, toda la historia artística del Renacimiento en acción;
la grandiosidad, la heroicidad, la enormidad, están ausentes de esa Musa, hecha toda de suavidades, de opacidades, y de delicuescencias;
pintor de gobelinos, y de *arazzos*, sus cuadros bucólicos y versallescos, de un idilismo perverso, tienen el sabor de madrigales luisquincentistas, escritos en el abanico de una duquesa fácil, por un abate sabio y lascivo, émulo de aquel divino cisne que calentó sus plumones cerca a las carnes de Leda;
esos versos, se diría que son ápteros, más que alados, tanto así las palabras semejan esos insectos luminosos que volotean, iluminan y hacen pórticos fulgentes en la gran calma nocturna de los bosques tropicales;
todo, hasta el Amor, carece de grandeza y de violencia, en los versos de Darío;
sus pasiones, son artísticas, por no decir artificiales;
no hay en sus cantos, emoción pasional sino emoción cerebral.
Darío, no es de esos poetas, que enseñan a amar; él, no enseñó sino a cantar el Amor;
hay demasiada intelectualidad en sus versos, para que haya en ellos, una emoción que no sea superficial;
solo ese intelectualismo agudo, puede permitir ese refinamiento artístico, en el cual, la emoción pasa sobre las almas, como el viento sobre las estatuas de un jardín, sin descomponer una facción de los rostros, ni un solo pliegue de las túnicas;

como ninguna gran pasión, que no fuera la pasión del Arte, devoró la vida de Darío, solo el Arte, impera en sus versos, con el poder de una gran pasión.

Darío, vivió el amor sexual, y, no cantó sino el amor cerebral; un amor de convencionalismo artístico, como el que algunos han sentido locamente, por las estatuas, es su vano deseo de darles vida;

amor de Pygmaleon;

como las mujeres que se mezclaron a su vida, no lograron llenarla, él se enamoró del Mito del Amor, de las Galateas imposibles, de las princesas lejanas, y enredó sus sueños a las trenzas rubias de las cabezas adorables, que van por los parques señoriales, trazando surcos de luz, bajo el verdor de los árboles;

como su vida de amor, era tan miserablemente triste y vacía, tuvo necesidad de poner su sueño en las estrellas, para escapar a la espantosa vulgaridad que lo rodeaba;

y, eran sus versos, como un vuelo de libélulas fugitivas, alzadas del fango de un pantano;

atraídas por el Sol;

por eso hay tristeza en los versos de Darío, pero no hay ternuras;

ningún verso suyo, ha sido bautizado por una lágrima, arrancada a los ojos que lo leen;

el don de las lágrimas, le fue concedido en abundancia;

pero, para verterlas, no para hacerlas verter;

sus versos de Amor, son acuarelas sentimentales, de un artificio visible, y, de un efecto innegable.

Darío, no fue un romántico;

estaba a tanta distancia del Romanticismo, para el cual, le faltó, ternura en el alma, como del Lirismo, para el cual le faltó, fuerza en las alas;

y, por eso, no salió nunca de la Poesía Intelectual, que fue su escuela;
de la Cerebralidad aguda;
del Arte Puro;
del Refinamiento;
del Preciosismo;
del Exotismo;
por eso no fue un Poeta luchador;
ni un Poeta agitador;
fue un Poeta educador;
un Poeta Soñador;
desdeñó todo proselitismo, que no fuera el de la Belleza, de cuyo culto fue el Pontífice Indiscutible e Insuperable, en tierras del habla hispana;
por eso, no salió nunca de las regiones de *su Arte*;
y, no ensayó el gran Poema Lírico;
ni el Drama Lírico;
ni la Novela Lírica;
y, permaneció Él.
Rubén Darío;
el *Poeta Único*;
el Primero en su Idioma;
y, uno de los primeros en el Mundo, si el Mundo tiene otro igual.

Capítulo XXII

Darío, apareció en América, cuando el Lirismo Romántico, rendía sus últimos vuelos, y, descendía del cielo, hacia las cimas, y hacia el corazón de las montañas, con los cóndores de Olegario Andrade, rojos de sangre, las águilas de Díaz Mirón, trémulas de cólera, y, las mariposas de Gutiérrez Nájera, que hacían blanco el follaje de los bosques, al plegar sobre ellos el vuelo para morir;

y fue desconocido;

los papagayos de la Crítica, lo burlaron;

y, los monos de la Prensa, hicieron sobre él, su gesto ignominioso;

el Clasicismo vetusto, tendió contra el Poeta, sus brazos de Momia, desde el fondo de esos hipogeos, que él llama, sus Academias de la lengua;

grotesca y trágica, al mismo tiempo, la Tradición Literaria, se alzó contra el bardo innovador;

y, el Pasado, lo escupió en el rostro, con su boca de cadáver;

entonces fue a España;

llegó a la Península, en días de vencimiento, cuando se amordazaba al viejo león vencido, por miedo de oírlo rugir;

eran ya los días tristes, en que se volvía la espalda a toda grandeza, y empezaba a sentirse el horror de ella;

en Literatura, no tenía el Olvido, regiones bastantes remotas, en donde desterrar los últimos épicos, y, los últimos líricos.

Zorrilla y Núñez de Arce, eran grandes bárbaros, cuyos gritos de combate era preciso apagar con el desprecio, y proscribir a la Sarmacia del Ridículo.

Gedeón, se hizo la Biblia Nacional; Luis Taboada, tuvo las proporciones de un Profeta;

fue el Homero, de la *Ilíada* de lo grotesco, que no tardaría en aparecer;
del Teatro, fueron proscriptos Echegaray y, los últimos líricos;
era el alba del Género Chico;
el reinado de la astracanada, estaba ya próximo;
comenzaba a profesarse, el odio ciego a todo lo sublime;
el culto de lo pequeño, se hacía una religión;
todo gesto amplio, aparecía como violento;
toda voz alta, era una discordancia;
se puso sordina a todas las pasiones que no fueran las de la sumisión y, el vencimiento;
se hablaba bajo, y se escribía más bajo todavía...
...
En esa feria de laxitudes y de silencios, llegó Darío;
sus paisajes de acuarela, su flora sin vivacidades, y, su fauna sin violencias, hechas de nenúfares pálidos, y de ánades más pálidos aún, hallaron una atmósfera propicia;
las sonatinas, encontraron oídos fatigados, que las escucharon con placer, y, labios trémulos, que las repitieron con ternura;
bardos adolescentes se preguntaban: ¿qué tendrá la Princesa? y, se apasionaron por todas las Ofelias que surgían de las estrofas armoniosas del Poeta.
Margarita Gautier, volvió a tener admiradores juveniles, como en los tiempos ya lejanos de Dumas;
fue una ráfaga de preciosismo intelectual;
pero, la influencia de Darío, no tomó en la Península los caracteres de epidemia, que había de tener luego, en la América del Sur,
lo que se ha llamado en España, el Novecentismo, ese Renacimiento que iniciaron en la prosa ValleInclán, Manuel

Bueno, Benavente, Baraja y, otros, y en la Poesía: Villaespesa, Antonio y Manuel Machado, Marquina, Cristóbal de Castro, Pujol, y Zayas, estaba aún en la cuna, y, no sufrió la influencia inmediata y directa del Poeta;
todos ellos, lo hallaron después en su camino, y, le rindieron homenaje;
sintieron, más la admiración, que la influencia de su Genio;
y, no puede decirse que fueran sus discípulos;
las viejas ánforas, que Darío rompió con su Nueva Métrica, no pudieron ser rehechas, por aquellos que lo odiaban, y las que él hizo, no pudieron ser imitadas, por aquellos que lo admiraban;
no tuvo, ni discípulos ni rivales;
fue Solo...
Único...
el verdadero Artista, cría su tipo de Belleza;
no lo copia;
fabrica la copa maravillosa, en que vierte el licor de su Genio, que ha de embriagar al Mundo;
la facultad servil, de la imitación, se ensaya sobre ese modelo, que profana sin destruir;
el modelo, permanece eterno, como toda forma de Belleza creada;
los imitadores, mueren de admiración impotente, cerca al modelo inmutable, y, son como abejas vencidas en torno del rosal en que libaron;
feliz la edad, que ha poseído un Genio; un arquetipo inmortal, creador de formas inmortales de Belleza;
como Rubén Darío...
...
Un crepúsculo denso caía ya, sobre la Vida, y sobre la Obra del Poeta;

el Sol de la celebridad empezaba a declinar sobre un cielo de Olvido;
los áureos olivares, que lo circuían quedaron pronto desiertos;
sus jardines, empezaban a entrar en soledad;
su gloria, empezaba a tener para él, inclemencias de sepulcro;
respetado, amado, admirado, era sin embargo, ya algo como un dios sobre el ara de un templo vacío;
sus cisnes yacían inmóviles, a sus pies, cerca a las ondas del lago taciturno hecho violáceo;
agobiado por la corona inmortal de sus triunfos, volvió la Vida, a los dioses sus hermanos, y se fundió en ellos;

«llegó a la barca negra.
Y lo vieron hundirse.
En las brumas del lago del misterio.
Los ojos de sus cisnes.»

París-abril 1917.

Libros a la carta

A la carta es un servicio especializado para
empresas,
librerías,
bibliotecas,
editoriales
y centros de enseñanza;
y permite confeccionar libros que, por su formato y concepción, sirven a los propósitos más específicos de estas instituciones.

Las empresas nos encargan ediciones personalizadas para marketing editorial o para regalos institucionales. Y los interesados solicitan, a título personal, ediciones antiguas, o no disponibles en el mercado; y las acompañan con notas y comentarios críticos.

Las ediciones tienen como apoyo un libro de estilo con todo tipo de referencias sobre los criterios de tratamiento tipográfico aplicados a nuestros libros que puede ser consultado en Linkgua-ediciones.com.

Linkgua edita por encargo diferentes versiones de una misma obra con distintos tratamientos ortotipográficos (actualizaciones de carácter divulgativo de un clásico, o versiones estrictamente fieles a la edición original de referencia).

Este servicio de ediciones a la carta le permitirá, si usted se dedica a la enseñanza, tener una forma de hacer pública su interpretación de un texto y, sobre una versión digitalizada «base», usted podrá introducir interpretaciones del texto fuente. Es un tópico que los profesores denuncien en clase los desmanes de una edición, o vayan comentando errores de interpretación de un texto y esta es una solución útil a esa necesidad del mundo académico.

Asimismo publicamos de manera sistemática, en un mismo catálogo, tesis doctorales y actas de congresos académicos, que son distribuidas a través de nuestra Web.

El servicio de «libros a la carta» funciona de dos formas.

1. Tenemos un fondo de libros digitalizados que usted puede personalizar en tiradas de al menos cinco ejemplares. Estas personalizaciones pueden ser de todo tipo: añadir notas de clase para uso de un grupo de estudiantes, introducir logos corporativos para uso con fines de marketing empresarial, etc. etc.

2. Buscamos libros descatalogados de otras editoriales y los reeditamos en tiradas cortas a petición de un cliente.

www.ingramcontent.com/pod-product-compliance
Lightning Source LLC
LaVergne TN
LVHW101923220826
846093LV00009B/354

* 9 7 8 8 4 9 0 0 7 7 9 2 4 *